Ligue Française pour la Défense des Droits de l'Homme et du Citoyen

L'ARBITRAIRE EN TUNISIE

RAPPORT

DE

M. Goudchaux BRUNSCHVICG

Avocat à la Cour d'appel de Paris

PRIX : 50 CENTIMES

PARIS

LIGUE DES DROITS DE L'HOMME

11, RUE JACOB, 11 (VIᵉ ARRᵗ)

1911

LES DOCUMENTS JUDICIAIRES
DE
L'AFFAIRE DREYFUS

Le Procès Zola (2 vol.). Édition du *Siècle*............ Épuisé

La Revision du Procès Dreyfus (Procès Esterhazy), par M. Yves Guyot. Édition du *Siècle*............ 2 »

L'instruction Fabre et les décisions judiciaires ultérieures. (Le procès du colonel Picquart et de M⁰ Leblois). Édition du *Siècle*................. Épuisé

L'instruction Fabre et les décisions judiciaires ultérieures (supplément)................. 5 »

La Revision du Procès Dreyfus à la Cour de Cassation (compte-rendu sténographique "in-extenso". — 27, 28 et 29 octobre 1898). Édition du *Siècle*.......... 2 »

Enquête de la Cour de Cassation, (Octobre 1898 — Février 1899). 2 gros volumes (ensemble).......... 7 »

Les Débats de la Cour de Cassation, (29 mai — 3 juin 1899). 1 gros volume.......... 3 50

Le Procès de Rennes (compte rendu sténographique, 7 août — 9 septembre 1899). 3 gros volumes (ensem.) 15 »

La Revision du Procès de Rennes, (Débats de la Chambre criminelle de la Cour de Cassation, 3, 4 et 5 mars 1904). 1 gros volume de 662 pages.......... 5 »

Le Procès Dautriche (compte rendu sténographique "in-extenso" des débats, 25 octobre — 7 novembre 1904). 1 gros volume de 705 pages.......... 7 50

La Revision du Procès de Rennes, (Débats de la Cour de Cassation, 15 juin 1906 — 12 juillet 1906 et annexes, 3 volumes (ensemble).......... 10 »

La Revision du Procès de Rennes, (Mémoire de M⁰ Mornard). 1 vol. in-8°.......... 5 »

La Revision du Procès de Rennes, (Réquisitoire écrit de M. le Procureur général Baudouin. 1 vol.......... 5 »

La Revision du Procès de Rennes (L'enquête de 1904) 3 vol. in-8°.......... 30 »

IMPRIMERIE R. LAROCHE
14, Rue Vivienne, Paris — Téléphone 261-09

Ligue Française pour la Défense des Droits de l'Homme et du Citoyen

Bulletin officiel de la Ligue des Droits de l'Homme Tome Ier (Année 1901), un volume relié avec table alphabétique et analytique......	20 fr.
Bulletin officiel de la Ligue des Droits de l'Homme Tome II (Année 1902), un volume relié avec table alphabétique et analytique......	20 »
Bulletin officiel de la Ligue des Droits de l'Homme Tome III (Année 1903), un volume relié avec table alphabétique et analytique......	20 »
Bulletin officiel de la Ligue des Droits de l'Homme Tome IV (Année 1904) un volume relié avec table alphabétique et analytique......	20 »
Bulletin officiel de la Ligue des Droits de l'Homme Tome V (Année 1905), un volume relié contenant l'Annuaire officiel de 1905, et complété par une table alphabétique et analytique......	20 »
Bulletin officiel de la Ligue des Droits de l'Homme Tome VI (Année 1906), un volume relié, contenant l'Annuaire officiel de 1906, et complété par une table alphabétique et analytique......	20 »
Bulletin officiel de la Ligue des Droits de l'Homme Tome VII (Année 1907), un volume relié, contenant l'Annuaire officiel de 1907, et complété par une table alphabétique et analytique......	20 »
Bulletin officiel de la Ligue des Droits de l'Homme Tome VIII (Année 1908), un volume relié, contenant l'Annuaire officiel de 1908, et complété par une table analytique et alphabétique......	20 »
Bulletin officiel de la Ligue des Droits de l'Homme Tome IX (Année 1909), un volume relié, contenant l'Annuaire officiel de 1909, et complété par une table analytique et alphabétique......	20 »
Bulletin officiel de la Ligue des Droits de l'Homme Tome X (Année 1910), un volume relié, contenant l'Annuaire officiel de 1910, et complété par une table analytique et alphabétique......	20 »
Annuaire officiel de la Ligue des Droits de l'Homme (1911)......	5 »
L'Œuvre de la Ligue des Droits de l'Homme (1898-1910) par Mathias MORHARDT......	2 »
Assemblées générales de la Ligue des Droits de l'Homme (4 juin 1898, 23 décembre 1898, 15 juill. 1899, 23 décembre 1899, 2-3 juin 1900), 5 brochures, l'exemp.	» 50
Déclaration des Droits de l'Homme et du Citoyen (tableau monté sur gorge et rouleau)......	» 50
La Déclaration des Droits de l'Homme et du Citoyen (1789) (édition Hachette), 1 brochure......	2 »
Rapport sur le cas des cinq détenus des Îles du Salut par Joseph REINACH, 1 brochure......	» 50

L'ARBITRAIRE

EN TUNISIE

I. La théorie des terres de tribus. — II. Les dépossessions d'indigènes par l'administration. — III. Les tribunaux mixtes. — IV. Les concessions aux parlementaires.

L'ARBITRAIRE EN TUNISIE

I. La théorie des terres de tribus. — II. Les dépossèssions d'indigènes par l'administration. — III. Les tribunaux mixtes. — IV. Les concessions aux parlementaires.

Le Comité Central de la Ligue des Droits de l'Homme, réuni le 30 janvier 1911, a pris connaissance du rapport suivant que lui a fait l'un de ses conseils juridiques, M. Goudchaux Brunschvicg, avocat à la cour d'appel de Paris :

Monsieur le Président,

Chargé par la Ligue des Droits de l'Homme de m'occuper d'une façon spéciale de la Tunisie, j'ai le devoir de vous rendre compte des résultats des recherches auxquelles j'ai procédé sur la situation des indigènes du centre et du sud de la Tunisie, sur l'organisation des tribunaux chargés de régler en ce pays les droits de propriété des colons ou des indigènes et sur les concessions de domaines à des hommes politiques influents.

Je crois être en mesure d'établir que :

1° L'Etat, sous le prétexte de constitution de terres de tribus, n'a qu'un seul but : l'extension de son domaine privé au détriment aussi bien des indigènes que des colons européens.

2° L'aliénation par l'administration du protectorat des terres occupées par les indigènes et qu'elle considère comme domaniales, a pour conséquence plus ou moins immédiate l'expulsion des indigènes.

3° L'organisation judiciaire fonctionnant en Tunisie n'offre aucune garantie pour les indigènes ou les colons victimes des spoliations de l'administration.

4° Les terres occupées par les indigènes sont très souvent attribuées à des hommes politiques influents, et de pareilles attributions peuvent en certains cas tomber sous le coup de la loi pénale.

I

LA THÉORIE DES TERRES DE TRIBUS

Le texte qui a trait aux terres de tribus est un décret du 14 janvier 1901 — en Tunisie, on désigne sous le nom de décrets les décisions de l'administration prises avec la signature du Bey ; ces décrets constituent la source normale de la législation tunisienne (1). — Ce décret est intitulé « Décret relatif à la délimitation des terres collectives de tribus » (2). Le préambule en est ainsi conçu :

Considérant qu'il existe dans plusieurs caïdats de la régence des territoires collectifs de tribus ou de fractions de tribus (parcours, cultures, etc...)

Que ces territoires collectifs sont inaliénables, les membres de la tribu n'ayant sur eux qu'un droit de jouissance.

Qu'il y a lieu, en vue de la sécurité des transactions et dans l'intérêt même des populations, de déterminer l'étendue de ces territoires et d'en définir la situation juridique ainsi que les conditions auxquelles pourra y être constituée la propriété privative.

Il résulte déjà de la simple lecture de ce préambule que l'administration n'entend laisser aux indigènes occupant ces terres qu'un simple droit de jouissance.

La pensée de l'administration apparaît mieux encore à la lecture des premiers articles du décret.

L'article 1ᵉʳ donne la composition des comités locaux chargés d'effectuer la délimitation des terres de jouissance collective des tribus et placés sous la présidence d'un délégué spécial du Gouvernement.

L'article 2 formule quelques règles de procédure ; il dispose que le domaine de l'Etat sera représenté à ces opérations de délimitation et fournira toutes indications et jus-

_____

(1) V. Girault, *Principes de colonisation et de législation coloniale*, tome III, 3ᵉ édit. nᵒ 499. Sur l'organisation du pouvoir législatif en Tunisie, lire la première conférence de M. Padoux dans le *Recueil des conférences sur les administrations tunisiennes*, Sousse, 1902, et surtout les pages 91 à 99.

(2) Ce décret est reproduit sous le nᵒ 1712 du *Code annoté de la Tunisie*, de Zeys (Nancy, imprimerie Berger-Levrault).

tifications utiles sur les terrains dont il a la charge, y compris ceux visés au décret du 13 janvier 1896, — c'est-à-dire au décret qui place dans le domaine de l'Etat les immeubles reconnus vacants et sans maîtres, les terres vaines et vagues, les montagnes incultivées ainsi que les terres dites « terres mortes » (1).

Le domaine de l'Etat est donc partie intéressée à ces opérations ; l'article 3 du décret dispose que, dans l'intervalle qui s'écoulera entre la promulgation du décret d'ouverture des opérations et celle du décret d'homologation, « aucun acte d'aliénation, en propriété ou en jouissance, de terres sises dans le territoire soumis à la délimitation ne pourra avoir lieu sans un certificat préalable de non-opposition délivré par le premier ministre, et ce, à peine de nullité même au regard des parties. »

Suivant le premier paragraphe de cet article 3 qui crée ainsi une sorte de présomption de non-propriété et même de non-jouissance à l'encontre des occupants, les contrats que les parties ou les notaires auraient dressés en violation de cette disposition seront saisis s'ils sont produits en justice ou à l'enregistrement.

Le deuxième paragraphe du même article 3 est ainsi conçu :

Dans le cas où une instance en immatriculation serait introduite pour des terres pendant le même délai, le fait que les opérations de délimitation des terres de jouissance collective seront en cours, vaudra opposition d'office de la part du premier ministre, et si le requérant n'en rapporte la main-levée, il sera par le tribunal mixte, sursis à statuer jusqu'à la promulgation du décret d'homologation visé à l'article suivant.

L'attention du tribunal mixte, ajoute le code Zeys (2), a été appelée sur les prescriptions de ce paragraphe par note du secrétariat général du gouvernement tunisien du 9 décembre 1901.

Le code Zeys ne publie pas le texte de cette note, mais on comprendra facilement que l'administration ait voulu empêcher le tribunal mixte de consacrer sans son auto-

---

(1) *Code Zeys*, n° 312. Au moins dans le préambule de son décret de 1896 l'administration a invoqué franchement « l'intérêt du gouvernement ». Nous allons d'ailleurs expliquer tout à l'heure comment les terres de tribus sont assimilées par l'administration aux terres mortes visées par le décret de 1896 et incorporées ainsi au domaine privé de l'Etat.

(2) En note sous l'article 3 du décret,

risation des droits privatifs de propriété, lorsqu'on saura
que, d'après la théorie qui semble prévaloir aujourd'hui
en Tunisie, toutes les terres dites « terres de tribus »
appartiennent à l'Etat.

Voici, en effet, comment s'exprime au sujet des terres
de tribus, M. Gaudiani, contrôleur civil suppléant, ancien
chef de bureau à la résidence générale, dans un article
qu'il a rédigé pour le *Répertoire de Droit administratif*
avec la collaboration de M. Thiaucourt, avocat au barreau
de Tunis, et qui, sous le titre *La Tunisie*, a fait l'objet
d'une publication spéciale. Une préface de M. Alapetite,
résident à Tunis, donne à cet ouvrage un caractère officiel. Portant la date de 1910, il exprime la pensée la plus
récente de l'administration (1) :

Sous des noms divers « Ard el arbia, ouabria, alfa, nehaba »,
on rencontre en Tunisie des territoires dépourvus de villes et
de populations sédentaires, peuplés de tribus nomades ou semi-
nomades, et dont la condition juridique paraît identique à celle
des terres qu'on a appelées en Algérie terres « arch », ou de
propriété collective.

§ 1". — *Origine des terres de tribus.* — La plupart des auteurs considèrent ces territoires ou terres de tribus comme
appartenant à l'Etat, mais n'indiquent pas quelle serait l'origine de cette domanialité. L'administration, d'autre part, ad-
met que, en dehors des terres mortes qui sont, d'après le droit
commun musulman applicable dans la régence, à la disposition du souverain, son droit de propriété, provie   s plus généralement des confiscations opérées par les beys, à la suite des
révoltes des deux derniers siècles.

Quoi qu'il en soit, le droit de l'Etat sur les terres collectives
est aujourd'hui admis en principe par la presque unanimité des
juristes. La coutume et les documents confirment au reste cette
thèse.

§ 2. — *Gestion des terres de tribus.* — L'Etat, en rappelant
et en confirmant à diverses reprises son droit de propriété sur
les terres de tribus, a par là même proclamé le caractère précaire du droit de concession appartenant aux tribus (2).

Déjà le décret du 26 avril 1881 et l'arrêté du premier ministre
du 1" décembre 1881 avaient sanctionné le droit de l'Etat, en
déclarant nulles et non avenues les ventes de terrains, mines
et forêts, consenties par les indigènes des tribus, parce que ceux-

---

(1) N" 990 et suivants.

(2) C'est donc se servir d'une expression absolument inexacte
que d'employer les mots « propriété collective » à propos de
ces terres.

et n'y ont aucun droit. Plus tard, une circulaire adressée par le premier ministre aux cadis de la régence, le 15 avril 1895, interdit la passation par les notaires musulmans, d'actes relatifs à des terrains situés dans le territoire des tribus arabes de l'intérieur sans autorisation préalable de l'Etat.

Enfin, un décret du 14 janvier 1901, après avoir posé en principe que « les territoires collectifs sont inaliénables, les membres de la tribu n'ayant sur eux qu'un droit de jouissance » vint réglementer les conditions de délimitation de ces terres collectives.

Cette délimitation est effectuée par des comités locaux composés d'un délégué du gouvernement, président ; du cadi ; du caïd et de deux notaires. D'autre part, une commission a été instituée avec mission d'étudier et de définir les conditions de gestion et de jouissance des terres de tribus ; elle est présidée par le premier ministre. On a compris, en effet, que le régime des terres collectives entraînait pour celles-ci une mauvaise utilisation et qu'il était nécessaire de constater et de protéger légalement les droits de gestion et d'usage des collectivités indigènes, tribus ou fractions sur les terres de l'Etat.

Ainsi les juristes admettraient le droit de propriété de l'Etat sur les terres collectives, mais sans bien savoir pourquoi ! Il est vrai que M. Gaudiani cite un certain nombre de textes qui paraîtraient servir de points d'appui à cette opinion. En fait, aucun de ces textes ne dit ce qu'on voudrait lui faire dire.

Le code Zeys ne publie qu'une partie du décret du 26 avril 1861 (1); aucun des articles cités ne fait allusion aux terres de tribus.

D'autre part, il est certain que ni l'arrêté du premier ministre du 1er décembre 1881, ni la circulaire du 15 avril 1895, ne peuvent être considérés comme des décisions suffisantes pour justifier le droit de propriété de l'Etat sur ces terres. Tout d'abord l'arrêté du 1er décembre 1881 (2), à supposer même qu'il ait une valeur législative, se borne à décider que les indigènes ne sauraient aliéner les biens qui appartiennent à l'Etat, mais il ne tranche nullement la question de savoir si les terres occupées par les indigènes appartiennent nécessairement à l'Etat ; de même la circulaire du 15 avril 1895 (3) ne saurait évidemment être assimilée à une véritable loi et elle se

(1) *Code Zeys*, n° 1318.
(2) *Code Zeys*, n° 305.
(3) *Code Zeys*, n° 1311.

borne à déclarer que les propriétés domaniales, les campements de tribus ou les biens habous, ne peuvent être aliénés, sans statuer expressément sur la grave question qui nous occupe actuellement.

Quant au décret de 1901, s'il a été pris afin d'étendre le domaine de l'Etat, ses auteurs n'ont pas osé traduire leur intention dans un texte formel.

****

Si aujourd'hui les théories de l'administration relatives au droit de propriété de l'Etat sur les terres de tribus ne sont plus discutées, c'est pour une tout autre raison : ces terres sont considérées comme des terres mortes. La jurisprudence du tribunal mixte va nous renseigner à cet égard.

Le *Journal des Tribunaux de la Tunisie* a recueilli cinq jugements rendus par les tribunaux mixtes sur des demandes formées par des indigènes. Qu'a décidé cette juridiction quand elle était saisie soit d'une demande principale, soit d'une opposition des indigènes, tendant l'une ou l'autre à la reconnaissance de leurs droits ?

Le premier de ces jugements est un jugement du 23 janvier 1904 (1) rendu à la suite d'une opposition à l'immatriculation demandée au nom du domaine *privé* de l'Etat par le directeur de l'agriculture, opposition formée par la fraction des Bedour des Hammama. D'après les motifs du jugement, les indigènes eux-mêmes auraient reconnu les droits de l'Etat, sans élever d'ailleurs aucune prétention à la propriété des mines qui pouvaient exister sous l'immeuble; ils se bornaient à demander le maintien de leur droit de jouissance. Le directeur de l'agriculture déclara n'avoir aucune objection à présenter à l'encontre de prétentions ainsi formulées et le tribunal mixte n'eut en somme qu'à enregistrer un accord. En l'absence de toute contestation réelle, il a pu se borner à dire que dans certains territoires de la Tunisie qui sont habités depuis des siècles par des tribus nomades, le sol est resté presque partout la propriété de l'Etat. Quant à la jouissance collective, le tribunal mixte déclare textuellement

---

(1) *Journal des Tribunaux de la Tunisie*, 1904, p. 138.

« qu'il n'y a pas actuellement à définir en quoi consiste cette jouissance qui est réglé, soit par des usages, soit par des documents législatifs, qui, dans tous les cas, est une matière dont la réglementation appartient à l'autorité administrative » et c'est parce que l'État veut bien y consentir que le tribunal mixte déclare qu'il sera mentionné sur le titre de propriété que l'immeuble immatriculé au nom du domaine *privé* de l'État fait partie d'un territoire sur lequel s'exerce la jouissance de la collectivité des Bedour des Hammama.

Dans un second jugement du 22 février 1904 (1) le tribunal reconnaît que la demande d'immatriculation formée au nom du domaine *privé* de l'État tunisien s'est heurtée à l'opposition de la collectivité des Ouled-Slama. Ainsi le tribunal mixte s'est trouvé amené à rechercher quels pouvaient être les droits des indigènes et il est intéressant de noter comment il les apprécie.

Il écarte tout d'abord l'idée d'une propriété individuelle par les motifs suivants : « Les conditions que le climat fait à l'existence humaine dans ces régions forcent ceux qui les habitent à se déplacer continuellement ; l'individu ne peut s'isoler, s'attacher à un lambeau de terre pour le mettre en valeur, le faire fructifier ou y construire, parce que, isolé, il ne peut pas vivre et que l'existence errante qu'ont menée ses pères est pour lui une nécessité inéluctable ». Le tribunal constate ensuite que l'immeuble en instance paraît faire partie des territoires parcourus par les nomades du sud tunisien, qu'aucun acte, aucun fait n'existe qui puisse laisser supposer qu'un des opposants exerce, à titre privatif, un droit de maîtrise quelconque sur une portion quelconque de l'immeuble ; en raison de ces circonstances de fait, il a pu ne pas admettre la constitution d'une propriété individuelle.

« Les droits des indigènes, se demande encore le tribunal, seraient-ils des droits de propriété collective » ? La réponse a un caractère purement juridique : « Cette seconde conception, dit le tribunal, n'approche pas plus que la première de la vérité ; voici pourquoi : la première des conditions, pour être propriétaire, c'est d'exister : or, en Tunisie, les tribus, comme entités morales, comme personnes juridiques, *n'existent pas* ; elles n'ont ni orga-

____

(1) *Journal des Tribunaux de la Tunisie*, 1904, p. 143.

nisation propre, ni chefs à elles, ni caisse commune, ni patrimoine commun ; elles ont toujours été subordonnées à des chefs désignés par l'Etat, qui les a administrativement confinées sur tel ou tel territoire, pour éviter les luttes et les déprédations ; il faut donc reconnaître que la propriété collective n'existe pas, parce que la collectivité elle-même n'a pas d'existence ».

Si graves que soient pour les indigènes les conséquences d'une pareille théorie, il faut reconnaître qu'à leur égard le tribunal mixte ne pouvait statuer autrement. Alors qu'en Algérie, depuis le *sénatus consulte* du 22 avril 1863, les tribus à qui la personnalité juridique a été conférée sont déclarées propriétaires des territoires « dont elles ont la jouissance permanente et traditionnelle, à quelque titre que ce soit » (1), en Tunisie notre administration ne s'est même pas souciée de conférer à ces tribus une personnalité civile.

Dès lors, si l'on ne peut reconnaître pour de pareils territoires ni l'existence d'une propriété privée, tout au moins en ce qui concerne les tribus d'indigènes, ni l'existence d'une propriété collective, le régime du sol, aux yeux du tribunal, ne peut être que le régime défini par le décret du 14 janvier 1901 : « Voilà, dit le tribunal, la solution du problème : la propriété appartient à l'Etat, qui en concède la jouissance aux nomades qui l'habitent ». A la vérité, cette solution est, comme je l'ai expliqué plus haut, préparée par le décret de 1901, mais elle n'est pas consacrée formellement par ce texte ; le tribunal mixte exposera d'ailleurs plus tard et d'une façon plus précise sa théorie.

« Quant à l'étendue, poursuit le jugement, à la nature, au mode d'exercice de ce droit de jouissance (le droit des indigènes), il varie suivant les lieux, les nécessités locales et les régions ; il est soumis à la réglementation de l'Etat et aux usages ; il sera précisé plus tard, quand la commission instituée par l'article 5 du décret précité aura terminé (2) ses travaux ; pour le moment, on doit se borner à le constater. » Et le tribunal prononce encore l'immatriculation de l'immeuble au nom du domaine *privé* de l'Etat tunisien.

---

(1) Article 1er du *senatus consulte*.
(2) Elle ne les avait même pas encore inaugurés ! (Voir p. 13).

Les théories esquissées dans les jugements du 23 janvier et du 22 février 1904 vont être complétées dans le jugement du 18 juin 1904 (1). Le tribunal écarte l'opposition des indigènes de Sened à la demande de l'Etat, par des considérations analogues à celles que l'on rencontre dans le jugement du 22 février 1904, puis motive ainsi sa décision d'immatriculation au profit de l'Etat : « Le sol, qui n'est l'objet ni d'une propriété privée, ni d'une propriété collective, ne peut être que *res nullius* ou la chose de l'Etat; en Tunisie, la seconde de ces alternatives seule est possible, puisque le droit musulman qui régit les immeubles non immatriculés donne l'appellation de *terres mortes* aux biens qui n'ont pas été appréhendés, et les place dans le domaine de l'Etat.»

Quels vont être les droits des indigènes ? Le tribunal répond à la question dans les termes suivants : « Il est vrai que celui-ci (l'Etat) a reconnu dans certaines régions du sud de la Régence, au profit des habitants, certains droits de jouissance qui n'ont jamais été définis *et qui ne sont pas définissables*, parce qu'ils ne sont régis que par des usages locaux et par l'autorité administrative qui en règle l'exercice à son gré. Mais, en ce qui concerne l'immeuble en instance, un décret du 5 août 1899 l'a compris parmi les terres dont la libre disposition est remise à la direction de l'agriculture pour favoriser l'extension des cultures fruitières. L'Etat, qui laisse aux indigènes sur son domaine certains droits de jouissance collective, quand il le juge à propos, n'a pas pensé qu'il devait continuer à en laisser subsister, en ce qui concerne le terrain, objet de la réquisition. Le tribunal ne peut que constater ce fait, etc. »

A la vérité, il s'agissait ici de terres d'indigènes aliénées avant le décret de 1901, mais le jugement du 18 juin 1904 indique nettement les conséquences, graves pour les indigènes, que le tribunal mixte a tirées de la théorie de la domanialité des terres du tribus ! Les droits de jouissance des indigènes n'étant même pas définissables, l'Etat, quand il aliène les terres qu'ils occupent, n'a pas à se préoccuper de réserver ces droits !

Le 29 octobre 1904 (2), le tribunal mixte rappelle les

---

(1) *Journal des tribunaux de la Tunisie*, 1904, p. 563.
(2) *Journal des tribunaux de la Tunisie*, 1905, p. 59.

principes qu'il a déjà posés sur le défaut d'existence, en Tunisie, des collectivités d'indigènes. Enfin, dans un jugement du 28 décembre 1904 (1), rendu encore à la suite d'une opposition formée par divers groupes d'indigènes à une réquisition d'immatriculation formée au nom du domaine *privé* de l'Etat, le tribunal mixte conclut qu'il « appartiendra ensuite à l'administration de réglementer cette jouissance collective, comme il lui conviendra, non seulement parce que le sol grevé appartient à l'Etat, mais encore parce qu'elle est la puissance publique *à laquelle les Tunisiens doivent obéissance* ».

Il ne semble pas que depuis ce dernier jugement les indigènes des terres de tribus aient encore songé à faire opposition à des demandes d'immatriculation de leurs terres formées au nom du domaine privé de l'Etat, du moins le *Journal des tribunaux de la Tunisie* ne mentionne plus aucune décision rendue sur la question à la suite de demandes formées par les indigènes.

Mais les cinq jugements que j'ai cités nous révèlent suffisamment les sentiments qui animent les juges du tribunal mixte à l'égard des indigènes. La même juridiction a pu en apparence formuler des principes plus favorables aux indigènes quand ceux-ci n'étaient pas en cause ; il était essentiel de savoir quelle était la jurisprudence du tribunal mixte quand ce tribunal était mis par les indigènes eux-mêmes en demeure de se prononcer sur leurs droits.

Assurément, si les tribus sont en Tunisie dépourvues de personnalité juridique, et si pour ce motif les terres de tribus sont assimilées aux terres mortes qui font partie du domaine privé de l'Etat, aux termes du décret du 13 janvier 1896 (2), c'est l'administration qui est responsable de cette situation et non le tribunal mixte. Même les nécessités de la colonisation pourraient nous faire admettre une pareille attribution de terres au profit de l'Etat si on tenait compte des intérêts des indigènes, à qui on doit réserver, au moment de l'aliénation par l'Etat, des terrains de parcours et des terrains de culture.

Si on lit jusqu'au bout le décret de 1901, il semble bien

---

(1) *Journal des tribunaux de la Tunisie*, 1903, p. 237.
(2) Zeys n° 312 ; Gaudiani n° 1012 ; *Répertoire de droit français*, v° Tunisie n° 171 ; Girault n° 523.

que, tout au moins pour les terres qu'elle n'enlevait pas immédiatement aux indigènes, telle ait été la pensée de l'administration. Après avoir indiqué comment il allait être procédé à la délimitation des terres de jouissance collective des tribus, l'article 5 prévoit le fonctionnement d'une commission chargée de régler la situation juridique des indigènes. « *Concurremment*, dit cet article, avec les opérations ci-dessus indiquées et *indépendamment* de la situation de fait qu'elles ont pour objet de constater, une commission est chargée d'étudier et de définir les conditions d'établissement, de jouissance, de conservation et de transmission de la propriété dans les terres collectives de tribus ».

Le texte est fort clair et il suffit de le lire pour penser qu'au fur et à mesure des travaux de reconnaissance matérielle des terres de tribus, la situation des indigènes allait être fixée; mais si, pendant près de dix ans, l'administration a pu se servir du décret de 1901 pour affirmer le droit de propriété de l'État sur d'immenses territoires, elle ne s'est souciée du sort des indigènes qu'à la suite de nos récentes interventions dans les affaires tunisiennes et seulement quand nous avons révélé quel instrument de spoliation le décret de 1901 avait été entre les mains de l'administration.

Je lis, en effet, dans le rapport officiel au Président de la République sur la situation de la Tunisie en 1909, paru en 1910, les lignes suivantes (1) :

Titres collectifs des tribus — Fixation de leur régime. — Le décret du 14 janvier 1901 relatif à la délimitation des terres collectives de tribus, prévoyait : 1° Un travail de reconnaissance matérielle des dits terrains de jouissance collective. 2° Un travail de codification législative destiné à établir leur situation juridique.

La première partie de ce programme étant *en voie d'achèvement*, la commission chargée par l'article 5 d'étudier et de définir « les conditions d'établissement, de jouissance, de conservation et de transmission de la propriété dans les terres collectives » a *inauguré* ses travaux par une enquête sur la nature et l'étendue des droits des indigènes sur les territoires de tribu (2).

---

(1) Page 22.

(2) Un décret du 30 novembre 1910 (*Journal officiel tunisien* du 3 décembre 1910) vient d'adjoindre le directeur général des travaux publics aux membres de la commission.

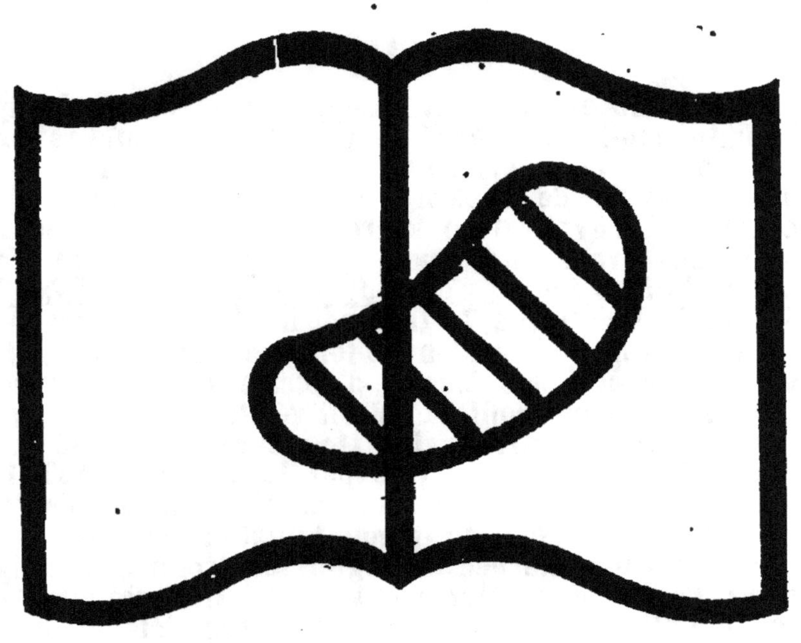

VALABLE POUR TOUT OU PARTIE DU
DOCUMENT REPRODUIT

C'est donc en refusant d'appliquer sa propre loi que l'administration a retardé de dix ans « l'inauguration » des travaux de la commission prévue par l'article 5 du décret de 1901, de telle sorte que MM. Gaudiani et Thiaucourt ont pu avec raison écrire en 1910, dans le passage que nous avons cité, que *le droit des indigènes n'est qu'un droit précaire, c'est-à-dire dénué de toute valeur*, et, pendant ce temps, le tribunal mixte écrasait les indigènes par une jurisprudence à formules brutales, destinée à leur enlever même l'espoir d'obtenir jamais la reconnaissance à leur profit d'un droit véritable.

Tout d'abord le tribunal mixte n'aurait-il pas dû apercevoir les limites apportées par le décret de 1901 lui-même à la toute puissance de l'administration, d'autant plus que le président du tribunal mixte faisait partie de la commission chargée de régler les droits des indigènes? Comment un jugement de ce tribunal a-t-il été jusqu'à dire que les droits des indigènes n'étaient même pas définissables?

En outre, en certains cas, le tribunal mixte a reconnu que les indigènes avaient cultivé réellement certaines terres de temps immémorial, il importe peu dès lors que les moyens de cultures soient rudimentaires, la propriété de ces terres n'aurait-elle pas dû être attribuée aux indigènes individuellement et non à l'Etat, puisque l'Etat n'invoquait aucun titre et qu'en droit musulman, la possession à elle seule suffit à fonder le droit de propriété quand elle ne se heurte à aucun titre contraire?

Je ne crois pas qu'aucun rapporteur du budget de Tunisie, soit à la Chambre des députés, soit au Sénat, ait encore donné son appréciation sur la théorie des terres de tribus. M. Bouge à la vérité, dans son rapport à la Chambre pour le budget de 1911, fait bien allusion, à deux reprises, à la division des terres tunisiennes en terres melks, terres habous et terres collectives (1) mais, s'il donne des explications sur les terres melks et sur les terres habous, il n'en donne aucune sur les terres collectives.

En définitive, la théorie des terres collectives a été un ingénieux moyen employé par l'Etat tunisien pour augmenter son propre domaine. Mais si l'on considère que

---

(1) Pages 37 et 39.

presque tout le sol de la Tunisie est l'objet de la propriété privative, on peut deviner quelles graves résistances une pareille théorie a dû rencontrer dans la pratique de la part des indigènes ou des colons européens victimes des mêmes procédés. Je lis, en effet, dans un ouvrage intitulé *La Tunisie, Agriculture, Industrie et Commerce*, paru en 1896 et généralement considéré comme une publication officielle, les lignes suivantes : « Les espaces vacants et sans maîtres n'occupent peut-être pas 2.000.000 d'hectares sur une superficie totale de 12.000.000 et ces espaces vacants sont des terres dont le produit annuel n'atteint pas cinq centimes à l'hectare ! Même dans la région saharienne, aux environs des oasis, dans les bas-fonds, partout où le sol a la moindre valeur, des hommes ont planté des palmes et peuvent dire : « Cette terre est à moi » (1).

Je ne nie pas qu'aucun document officiel ait encore indiqué exactement quelles étaient les étendues de territoires que le Domaine a pu ou pourra s'annexer en vertu de la théorie des « terres de tribus » ; ce qui est certain en tout cas, et c'est là le couronnement du système, c'est que les terres de tribus sont immatriculées au nom du domaine privé de l'Etat, c'est-à-dire du domaine dont l'Etat dispose à son gré (2).

---

(1) *La Tunisie*, chez Berger-Levrault, tome Ier, p. 38.
(2) Gaudiani n° 1016 ; *Répertoire de droit français*, V° Tunisie n° 173.

II

LES DÉPOSSESSIONS D'INDIGÈNES
PAR L'ADMINISTRATION

Les jugements du tribunal mixte que j'ai cités, indiquent dans quelques cas particuliers les conséquences pour les indigènes de la théorie de la domanialité des terres dites « terres de tribus ».

Cette théorie, avec l'extension que lui a donnée le tribunal mixte, consacre les dépossessions d'indigènes auxquelles l'administration n'a pas cessé de procéder au cours de ces dernières années dans la région des terres dites sialines et sur le territoire du domaine de Cherabil.

Les terres dites sialines dans la région de Sfax constituent une des parties du monde les plus riches en oliviers. Comment ces terres sont-elles tombées dans le domaine privé de l'État ? *La Tunisie* donne l'explication suivante que j'ai retrouvée d'ailleurs dans tous les ouvrages que j'ai pu consulter : « Dans le contrôle de Sfax, la plupart des terres appartiennent au domaine. Elles avaient été données au xvie siècle à une famille Siala. Elles lui ont été reprises en 1870. Elles en ont gardé le nom de terres sialines sous lequel on les désigne ordinairement. » (1) Une pareille reprise ou plutôt une pareille confiscation ne doit pas nous étonner, les confiscations de biens étant fréquentes dans les États musulmans (2), bien qu'en

---

(1) *La Tunisie*, édition de 1896, tome Ier, page 195. Voir également Gaudiani; n° 1013; Girault, tome III, 3e édition, n° 525.

(2) *La Tunisie*, tome Ier, p. 21, cite le mot d'un Turc qui, après avoir été exproprié par une compagnie de chemin de fer, n'avait reçu qu'une indemnité dérisoire et qui répondit, alors qu'on l'engageait à se plaindre au sultan : « Comment oserais-je me plaindre de ce que le sultan m'a enlevé une parcelle de ma terre, alors qu'il pourrait me l'enlever tout entière ? »

théorie l'article 89 du décret du 26 avril 1861 (1) oblige le bey à respecter la propriété de ses sujets. Seuls les nationaux des grands États de l'Europe semblent être à l'abri de pareilles mesures en vertu des traités que l'administration actuelle elle-même est tenue de respecter (2).

Mais quelle est l'étendue de ces terres sialines, c'est-à-dire du territoire que le domaine a pu considérer comme sien sous le prétexte que la donation faite à la famille Siala avait éte révoquée ? Comment l'administration en est-elle arrivée à considérer comme terres sialines toutes les terres situées dans un rayon de 80 kilomètres environ autour de Sfax (3). Je n'ai pu trouver à cet égard aucune indication dans les ouvrages que j'ai à ma disposition. Il est à noter toutefois que l'État a fait immatriculer au titre de terres sialines le domaine de Bouthadi d'une contenance de 47.000 hectares, domaine déjà assez éloigné de Sfax (4). Le dossier de la demande d'immatriculation qui doit exister encore, fournirait sans doute des explications sur la base des prétentions de l'administration. Il est à noter que la demande d'immatriculation de Bouthadi, telle qu'elle est énoncée au *Journal officiel tunisien* du

---

(1) *Zeys*, n° 1318. Voir également les termes d'un jugement rendu par le tribunal civil français de Tunis du 23 avril 1902 (*Journal des Tribunaux de la Tunisie*, 1902, p. 559) et dont il y a lieu de signaler les passages suivants : « Attendu que la souveraineté qui appartient au bey de Tunis sur ses sujets a un caractère absolu en ce sens qu'elle réunit dans la même personne les attributions législatives, administratives et judiciaires et que ces décisions ne sont soumises à aucun recours. Mais attendu que même avant l'établissement du protectorat français ce n'était pas un pouvoir arbitraire n'ayant d'autre règle que la volonté même de celui qui en était investi. Attendu que cette souveraineté était au contraire limitée et dirigée dans son exercice par la loi musulmane... Attendu qu'elle reconnaît le droit de propriété individuelle... Attendu que si elle autorise la confiscation, c'est seulement en cas de guerre ou de révolte ou bien à titre de peine pour réprimer des actes réprimés comme délictueux ».

(2) *Répertoire de droit français*, V° Tunisie, n° 246. Girault, p. 385 et 389.

(3) *Gaudiant*, n° 1013.

(4) Rapport officiel sur la situation de la Tunisie en 1901, p. 43.

22 février 1895, n'indique pas que l'administration considérait alors que Bouthadi fût une terre sialine.

Comme je l'ai dit dans la première partie de ce rapport,
la main-mise de l'administration sur un territoire déterminé, quelle que soit la nature du droit invoqué, pourrait
être admise si, au moment où elle aliénait, l'administration respectait les droits des indigènes occupant le territoire.

Recherchons donc si l'administration a eu cette préoccupation quand, en 1892, elle a décidé l'aliénation des
terres sialines.

Le décret du 8 février 1892 (1) a déterminé les con ·tions
auxquelles sont soumises les concessions n·velles des
terres sialines de Sfax ; le décret du 1·· mai 1893 (2) a
fixé le prix de ces terres sialines. ·nfin une circulaire
du premier ministre au gouver··ur de Sfax, en date du
17 août 1893 (3) donnait l·· explications nécessaires en
vue de l'application ·· décret du 8 février 1892 ; cette
circulaire parais··· offrir certaines garanties à la population locale, ·u moins aux indigènes qui, sans prétendre
à la pro···té, invoquaient l'habitude d'ensemencer sur
les p···ies du domaine faisant l'objet de demandes de
·oncessions.

Mais en raison de l'extrême modicité du prix de vente
(dix francs l'hectare) les terres disponibles furent rapide-
ment concédées. Je lis dans l'ouvrage sur la Tunisie que j'ai
cité, qu'à la suite du décret de 1892, 72.000 hectares furent
demandés, tant par des indigènes que par des Français.
Et l'auteur de cette publication ajoute textuellement — ces
lignes ont été écrites en 1896 — : « Comme il importe de
laisser aux indigènes qui avaient coutume de vivre sur
ces terres les espaces qui leur sont indispensables, les
parcelles de terres sialines pour les plantations d'oliviers
commencent à devenir rares. Mais quand elles seront
épuisées, l'Etat en possède d'autres à Sidi-Nacer-Allah, au
Gamouda, à Sbeïtla et à Kasserine » (4).

Ainsi en 1896, la situation était très nette; l'administration devait se résigner à ne plus faire de nouvelles

---

(1) Zeys, n° 32.
(2) Zeys, n° 34.
(3) Zeys, n° 35.
(4) Tome I", p. 195.

concessions sur les terres salines si elle entendait réserver aux indigènes les espaces qui leur étaient nécessaires.

Mais l'année suivante un évènement se produisit qui devait avoir pour les indigènes de cette région les plus graves conséquences. Je veux parler du voyage en Tunisie de trois ministres du cabinet Méline, à l'occasion de l'inauguration du port de Sfax.

Ce port, dit le Rapport officiel sur la situation de la Tunisie en 1897 (1), a été inauguré le 22 avril 1897 par MM. Darlan ministre de la justice, Cochery, ministre des finances, et Boucher, ministre du commerce, qui avaient bien, voulu donner cette haute marque de sympathie à la régence.

L'attention du monde politique fut appelée sur cette région et de nouvelles concessions de terres salines furent accordées au détriment, bien entendu, de la population indigène. Celle-ci fut dépouillée et refoulée. C'est ce qui résulte du rapport officiel sur la situation de la Tunisie en 1905, qui s'exprime dans les termes suivants à propos de la colonisation du domaine de Chérahil (2) :

L'étude de la question de l'utilisation de l'henchir de Chérahil en vue de la colonisation ne devait pas se limiter à une enquête sur les demandes présentées, mais elle devait porter sur la détermination de tous les terrains du territoire reconnus comme pouvant être aliénés; elle devait, en d'autres termes, préciser : 1° les parties du territoire à laisser à la disposition des locataires indigènes du domaine pour le labourage et l'entretien du bétail; 2° ......; 3° .... L'existence et la condition spéciale des indigènes de l'henchir faisaient en effet une nécessité de rechercher les besoins et de ménager les intérêts de cette population, l'évènement ayant d'ailleurs démontré que, dans la région de Sfax, des *réserves* pour terrains de céréales et de parcours nécessaires aux indigènes auraient *dû être constituées dès l'origine*, avec interdiction de les aliéner et de les planter. A un autre point de vue le maintien des indigènes sur l'henchir était à désirer dans le but de procurer aux futurs colons une main-d'œuvre utile, soit comme m'gharsis, soit comme ouvriers agricoles.

Ainsi l'administration reconnaît qu'en ce qui concerne les terres salines, on n'a pas tenu compte des besoins des indigènes qui n'ont pu se maintenir sur le domaine.

La même idée se trouve exprimée dans le rapport

---

(1) Page 56.
(2) Page 81.

à la Chambre des députés sur la Tunisie fait par M. Cochery pour le budget de 1909 :

Quand on a eu ainsi étendu, dit-il, de 20 à 60 kilomètres le rayon du cercle de forêt entourant Sfax, on s'est aperçu que la main-d'œuvre de la ville qui avait assuré les premières plantations ne pouvait suffire à cette énorme extension. C'était aux nomades qu'il fallait avoir recours, et, au fur et à mesure que les plantations s'étendaient, *faute des réserves qu'il eût fallu conserver*, les indigènes se sont *éloignés* pour trouver les terrains de parcours nécessaires à leurs troupeaux et les terrains de culture de céréales qui leur manquait dès que les oliviers grandis ne supportaient plus la culture intercalaire.

L'erreur était grave, d'autant plus grave qu'en vertu de décret du 8 février 1892, les contrats de vente obligeaient les propriétaires à couvrir de cultures arbustives la totalité de la propriété achetée.

Il a fallu s'arrêter et réserver rigoureusement tous les terrains disponibles pour assurer l'existence des tribus et les maintenir dans le voisinage des plantations..... (1).

Je ne sais si le mot « erreurs » suffit pour qualifier un pareil système; en tout cas, l'expulsion d'une partie de la population reste un fait acquis.

La réduction des terrains de parcours nécessaires aux indigènes et qui est attestée par tous ceux qui ont étudié ces questions spéciales (2), ne devait pas seulement préjudicier à la population locale, elle devait encore contribuer à produire une hausse générale sur le prix de la viande (3). Encore aujourd'hui le bétail en Tunisie souffre d'une disette de pâturage (4).

En ce qui concerne l'henchir Cherahil, la dépossession revêt une forme différente.

Un décret du 30 avril 1905 a autorisé l'Administration à aliéner ce territoire aux mêmes conditions que les terres slalines (5).

« Jusqu'à ce jour, dit le Rapport, l'henchir Chérahil, était exclusivement soumis au régime de la location aux indigènes qui y constituent une population *nombreuse, fixée depuis longtemps au sol, sur lequel elle a*

---

(1) Tome II, page 102.
(2) Girault, n° 525.
(3) Rapport officiel sur la situation de la Tunisie en 1904, page 32.
(4) Rapport officiel pour 1909, page 47.
(5) Rapport officiel pour 1905, page 83.

fait d'importantes plantations de cactus, créé des jardins, construit des maisons, établi des cimetières, etc. (1). »

L'équité ne commandait-elle pas à l'administration de respecter une pareille situation et ne devait-elle pas se borner à offrir à la colonisation les terres vacantes ?

La réponse à cette question est donnée ainsi par le même rapport officiel :

Un premier examen révéla, d'une part, qu'il ne pouvait être question de se contenter des superficies laissées disponibles par les indigènes, celles-ci étant constituées seulement par des terres en coteau, de qualité médiocre ou mauvaise, et sur lesquelles l'alimentation en eau aurait été difficile (2).

Ainsi, sous le prétexte que les indigènes ont tout naturellement cultivé les meilleures terres, ce sont les terres des indigènes qui vont être attribuées aux concessionnaires de l'administration. La dépossession ne sera peut-être pas aussi brutale que dans la région de Sfax, les procédés sont plus perfides, mais le résultat est le même pour les indigènes.

L'administration qui, je l'ai rappelé, considérait les indigènes comme ses locataires, a décidé que le preneur lui serait purement et simplement substitué dans ses droits et charges qu'elle définit de la façon suivante (3) :

Pour les parties plantées de cactus ou cultivées en nature de jardins, les indigènes qui les détiennent ne paient pas à l'administration la location du sol, mais ils doivent annuellement la valeur de la moitié des produits.

Pour les habitations, le propriétaire de la construction paie, pour l'occupation du sol et de l'emplacement d'un hectare réservé autour de la maison, une redevance annuelle de trois francs.

Moyennant ces conditions, la jouissance exclusive des plantations, fruits, jardins et habitations appartient aux intéressés aussi longtemps que les plantations ne sont pas sujettes à renouvellement, que les fruits et jardins sont entretenus d'une manière permanente comme tels et que les maisons et les puits n'exigent pas de reconstruction. Si l'une de ces échéances se produit, le domaine, et par suite le concessionnaire peut exiger la remise à sa disposition du terrain et s'opposer au renouvellement et à la réédification des constructions.

L'adoption de ces clauses a pour conséquences *d'éviter une*

---

(1) Page 81.
(2) Page 82.
(3) Page 85.

dépossession immédiate des sédentaires et aussi une charge perpétuelle sur la propriété; enfin cette réglementation provoquera, on peut l'espérer du moins, une collaboration intime par le jeu des intérêts réciproques, entre les concessionnaires et les m'gharsis indigènes.

Pour tenir compte des intérêts des indigènes jusque là locataires de l'Etat et éviter en même temps toute spéculation de la part des acquéreurs, les contrats stipulent que pendant un délai de cinq ans, les preneurs ne pourront pas exiger des taxes de location et de pâturage supérieures à celles exigées au même moment par le domaine de l'Etat sur le surplus du territoire.

Dans le but enfin, poursuit le rapport, de fixer au sol les familles composant la population indigène située sur les lots concédés, il a été décidé que les concessionnaires leur réserveraient, pour la complantation à titre de m'gharsa ou pour les engagements d'ouvriers en vue des travaux agricoles, la préférence sur les travailleurs étrangers.

En résumé, l'administration l'énonce franchement, il ne s'agit pour elle que de ne pas déposséder immédiatement les indigènes sédentaires.

Mais pourquoi, dit-elle dans le dernier passage que j'ai reproduit, qu'elle tient à fixer au sol les familles indigènes ? Elle aurait un moyen bien simple de réaliser son vœu : c'est de ne pas déposséder les indigènes, ni immédiatement, ni plus tard.

A-t-on seulement songé à indemniser les indigènes des terres slalines ou de Cherahil, « éloignés » ou « dépossédés » ? Sur quels domaines se sont-ils réfugiés? Je n'ai trouvé aucune indication sur ces questions dans les rapports officiels ou dans les rapports des parlementaires.

A mon avis, ces dépossessions et ces expulsions sont consacrées par la jurisprudence du tribunal mixte qui s'est affirmée à la suite du décret de 1901, et que j'ai rappelée à la fin de la première partie de ce rapport, et l'arbitraire subsistera tant que l'administration se refusera à régulariser les droits des occupants. Elle pourrait le faire d'autant plus facilement que les indigènes sont relativement peu nombreux dans le centre et dans le sud de la Tunisie.

Les steppes immenses de l'Algérie, possédées par la tribu, dit l'ouvrage sur la Tunisie que j'ai déjà cité, occupent en Tunisie un espace très restreint. Tout le sol susceptible de culture est divisé en grands domaines presque inhabités. Les trois quarts des indigènes sont installés tout le long du littoral sur des terres qu'ils ont divisées en petites propriétés. L'intérieur semble un pays vide d'habitants; au sud de Kairouan et de Sousse, dès qu'on s'éloigne des vergers, on ne rencontre plus, qu'à de longs intervalles, les maisons ou les gourbis. Même dans le nord, où il tombe pourtant des pluies régulières, on compte à peine quatre habitants au kilomètre carré. Nos colons peuvent y acquérir le sol facilement. Ils n'y rencontrent pas les grandes difficultés au milieu desquelles se débattaient les colons algériens toutes les fois qu'ils voulaient acquérir une parcelle de terre (1)...

____

(1) *La Tunisie*, tome I, page 38. Sur la répartition de la population indigène au moment de l'occupation française, consulter *La Tunisie* de H. Duveyrier, Paris 1881. Dans certaines régions, comme dans le Sahel de Sousse, les droits des indigènes paraissent au contraire avoir été respectés. (V° *L'Afrique du Nord* par Lorin, page 73).

III

LES TRIBUNAUX MIXTES

Les indigènes, ainsi victimes de spoliations aussi graves, ont-ils un recours devant les tribunaux, tout au moins quand ils invoquent des droits de propriété fondés sur des titres ? Non, parce qu'en Tunisie il n'y a pas, à la vérité, de tribunaux réguliers chargés de statuer sur les questions de propriété, et ce que je vais dire sur la situation des indigènes s'applique à peu près entièrement à la situation des colons européens.

Je rappelle brièvement, tout d'abord, que si, en Tunisie, tous les immeubles sont, en principe, soumis à la loi musulmane, une exception considérable est apportée à la règle par le décret beylical du 1er juillet 1885, sur la propriété foncière (1). Cette loi a introduit en Tunisie le système de l'immatriculation et son double objet a été de remédier à l'incertitude de l'assiette de la propriété immobilière et au défaut de la publicité des transmissions réelles. Je renvoie, pour les détails concernant l'application de la loi aux explications contenues dans le *Répertoire de droit français* (2). Retenons seulement qu'aux termes de l'article 37 de la loi foncière et du décret du Président de la République du 17 juillet 1888 (3), la décision qui prononce l'immatriculation est définitive et sans recours possible ; elle n'est susceptible ni d'opposition, ni d'appel, ni de recours en cassation, et l'article 38 de la même loi dispose que toute personne dont les droits auraient été lésés par suite d'une immatriculation, n'aura jamais de recours sur l'immeuble, mais seulement en cas de dol, une action personnelle en dommages-intérêts contre l'auteur du dol.

Mais l'immatriculation, dit l'article 22 de la loi, est facultative.

M. d'Estournelles de Constant dans son ouvrage sur *La Politique française en Tunisie* explique en excellents

---

(1) Zeys, n° 1495.
(2) V° Tunisie, n°ˢ 330 et suivants.
(3) Zeys, n° 769.

termes quelle a été la pensée des auteurs de la loi de 1885 à ce point de vue spécial :

Le principe de l'innovation, dit-il, fut qu'en Tunisie comme en Australie, l'immatriculation serait facultative. Elle ne menace personne ; elle n'apporte aucun trouble ; elle offre seulement à quiconque juge bon d'y recourir, des garanties ; l'immatriculation est facultative comme elle est définitive, inattaquable.

Et M. d'Estournelles de Constant ajoute :

C'est là le grand point, la première préoccupation qui doit inspirer un gouvernement, un gouvernement colonisateur surtout ; les Anglais font du respect des usages et des traditions locales le fondement de leur action sur les indigènes. Cela est si vrai que toutes les chartes de leur gouvernement autorisant des sujets britanniques à fonder des comptoirs ou des compagnies de colonisation contiennent une clause ainsi conçue : « La compagnie devra toujours respecter dans l'administration de la justice aux populations indigènes de ses territoires ou aux personnes qui y habitent les lois et coutumes de la classe, tribu ou nation auxquelles chacune des parties appartient, spécialement en ce qui touche la possession, le transfert ou toute autre façon de disposer de la propriété immobilière ou mobilière.... »(1).

Et Jules Ferry dans sa célèbre lettre-préface au livre de M. Faucon sur la Tunisie rappelait aussi, en les approuvant, les ménagements de la loi de 1885 pour les traditions du droit musulman :« Quel souci, disait-il, de les régler, de les amender, au lieu de les abolir ! » (2).

L'immatriculation n'étant nullement imposée, les décisions du tribunal rejetant une demande d'immatriculation n'ont pas l'autorité de la chose jugée au fond et laissent intacts les droits des parties. Le jugement de rejet n'attribue pas à l'une des parties plutôt qu'à l'autre la propriété ou la possession de l'immeuble et il importe même peu que dans les motifs qu'il donne, le tribunal exprime l'opinion que l'immeuble litigieux appartient à celui qui s'est opposé à l'immatriculation. La décision de rejet ne saurait même être opposée à l'exercice d'une action possessoire (3).

---

(1) Page 391.
(2) Page g de la préface..
(3) Voir la jurisprudence citée au *Répertoire de droit français.* (V° Tunisie n° 420 et suivants et au *code Zeys*, note b de la première colonne de la page 908).

En résumé les décisions qui prononcent l'immatriculation doivent être entourées des garanties les plus sérieuses puisque seules elles peuvent porter atteinte à des droits acquis. M. Berge, dans son ouvrage sur la juridiction française en Tunisie, va même jusqu'à dire que le tribunal fait œuvre de juridiction uniquement dans le cas où il immatricule malgré des oppositions ; dans les autres cas, notamment quand il refuse d'immatriculer, soit d'office, soit à la suite d'oppositions, il fait une œuvre simplement administrative (1).

* * *

Quelles garanties vont donc entourer les décisions prononçant l'immatriculation ?. Et quel tribunal va être chargé de statuer ? La loi foncière a organisé pour prononcer sur les demandes d'immatriculation un tribunal mixte qui, pour rendre une décision, doit être composé de cinq magistrats dont trois magistrats français et deux magistrats indigènes ; s'il n'y a en cause que des justiciables de la juridiction française, les magistrats indigènes siègent avec voix consultative seulement (2).

A la vérité, l'organisation du tribunal mixte est défectueuse à l'égard des indigènes pour les mêmes motifs qu'elle l'est à l'égard des européens.

Comment ceux-ci sont-ils protégés contre les décisions de ce tribunal exceptionnel qui juge en dernier ressort et qui, bien que n'ayant légalement aucune compétence pour statuer sur les questions de propriété, est chargé de délivrer des titres de propriété inattaquables ?

L'article 36 de la loi foncière répond à la question :

Dans le cas où une opposition à une immatriculation serait formée par un justiciable des tribunaux français, il sera loisible à ce dernier de le porter devant la juridiction française, pourvu qu'il le fasse avant toute défense au fond devant le tribunal mixte et pourvu que l'instance soit fondée sur un droit existant entre ses mains avant l'insertion au *Journal officiel* de la déclaration d'immatriculation.

Auquel cas le tribunal mixte surseoira à statuer sur l'admissibilité de la demande à fin d'immatriculation, jusqu'après

---

(1) Page 41.
(2) Gaudant nᵒˢ 399 et 400.

décision passée en forme de chose jugée du tribunal compétent.

Cette disposition avait pour objet d'assurer la prépondérance du tribunal de droit commun sur le tribunal mixte, tribunal d'exception. Ce dernier devait se conformer à la décision du tribunal civil, juge naturel des questions de propriété. Le jugement du tribunal civil restait naturellement susceptible d'appel et la cour de cassation pouvait elle-même ensuite exercer en pareille matière son droit de contrôle.

De même en Australie le système de l'Act Torrens renvoie devant la juridiction de droit commun les litiges qui peuvent se produire sur le droit de propriété (1). Dans toutes les colonies où nous avons introduit le système de l'immatriculation, nous avons laissé aux tribunaux civils le soin de statuer sur de pareilles questions (2).

Mais l'administration du protectorat se trouva fort gênée par les dispositions de l'article 36 qui limitaient ainsi les pouvoirs du tribunal mixte. Elle le fut surtout quand elle entreprit, à l'aide du décret de 1901 sur les terres dites terres de tribus, de s'emparer des vastes territoires du centre de la Tunisie, occupés partiellement par des indigènes et par des colons. Elle essaya même d'obtenir de la Cour de Cassation une décision atténuant la portée de ce texte en laissant aux tribunaux mixtes la faculté de ne tenir aucun compte des oppositions; mais, dans son arrêt du 6 mai 1902, la Cour de Cassation proclama comme l'avait fait la Cour d'Appel d'Alger que le tribunal mixte, en cas d'opposition, a l'obligation de surseoir jusqu'à la décision définitive du tribunal compétent. De son arrêt, il résulte qu'il est contraire au texte et à l'esprit de la loi de subordonner l'exercice du droit d'opposition à une décision du tribunal mixte qui serait sans recours alors même qu'elle toucherait à des questions de nationalité et de propriété, ques-

----

(1) Gaudiani note 2 sous le n° 933; voir également Cochery, rapport pour le budget de 1909, t. 2 p. 135.

(2) Voir pour Madagascar les dispositions du décret du 16 juillet 1897 et pour le Congo celles du décret du 28 mars 1899.

tions qui doivent être réservées à leur juge naturel alors que le tribunal mixte constitue un tribunal d'exception.

L'arrêt est ainsi conçu : (1)

La Cour ;

Sur le moyen unique du pourvoi, pris de la violation des art. 31, 33, 36, 37 de la loi foncière tunisienne du 1er juill. 1885, ensemble de la loi tunisienne du 16 mai 1886, des décrets beylicaux tunisiens des 28 juin 1886, 25 février 1897 et 15 avril 1899, violation des principes de la llispendance et de la compétence *ratione materiae* ; excès de pouvoirs, et violation de l'article 7 de la loi du 20 avril 1810 et manque de base légale ;

Attendu, en fait, que, par demande publiée au *Journal officiel de Tunisie*, le directeur de l'agriculture de la Régence de Tunis a requis l'immatriculation d'une propriété dite « Sera ouartane, » comme dépendant du domaine de l'État ; que Ribet justiciable des tribunaux français a formé opposition à cette immatriculation, et a assigné devant le tribunal civil de Tunis le directeur de l'agriculture, qui sans contester ni la qualité ni les droits de l'opposant, a conclu à ce qu'il fût sursis à statuer jusque après la décision du tribunal mixte sur son opposition ; que la demande de Ribet a été déclarée non recevable par le tribunal français, dont le jugement a été réformé par l'arrêt attaqué ;

Attendu qu'aux termes de l'art. 38 de la loi foncière tunisienne du 1er juillet 1885, modifiée par celle du 6 novembre 1889, dans le cas où une opposition à une immatriculation est formée par un justiciable des tribunaux français, il est loisible à ce dernier de la porter devant la juridiction française, pourvu qu'il le fasse avant toute défense au fond devant le tribunal mixte, et pourvu que l'instance soit fondée sur un droit existant entre ses mains avant l'insertion au *Journal officiel* de la déclaration d'immatriculation auquel cas le tribunal mixte surseoira à statuer sur l'admissibilité de la demande à fin d'immatriculation jusqu'après décision passée en force de chose jugée, du tribunal compétent ; que cette disposition consacre expressément le droit pour les justiciables des tribunaux français de porter leur opposition devant ces tribunaux, et l'obligation pour le tribunal mixte de surseoir jusqu'à la décision définitive du tribunal compétent ; qu'ils ne sont tenus de suivre aucune procédure préalable devant le tribunal mixte, dont la juridiction ne peut leur être imposée contre leur gré ; qu'il est contraire au texte et à l'esprit de la loi de subordonner l'exercice de leur droit d'opposition à une décision du tribunal mixte, qui serait sans recours, alors même qu'elle toucherait à leur nationalité et à leur droit de propriété, questions essentiellement réservées à leur juge naturel, quand ils ne consentent pas à accepter la juridiction exceptionnelle du tribunal mixte ;

____

(1) Sirey 1903—I—41.

D'où il suit que l'arrêt attaqué, qui est régulièrement motivé, loin de violer les articles de loi et les principes invoqués au pourvoi, en a fait, au contraire, une juste application ;

Rejette, etc.

Du 6 mai 1902. — Ch. req. MM. Tanon, prés. ; Puech, rap. Mérillon, av. gén. (concl. conf.) ; Chabrol, av.

L'arrêtiste du Sirey fait remarquer en note à propos de cette décision que le législateur n'a pas voulu que, sous le prétexte d'une réquisition d'immatriculation, les tiers fussent privés du bénéfice de la juridiction qu'ils auraient employée en toute autre circonstance ; que, les décisions du tribunal mixte étant sans recours, si on reconnaît à ce tribunal le droit de statuer sur la recevabilité de l'opposition, on laisse à sa discrétion le fond de l'affaire.

Et cependant, ajoute le même jurisconsulte, la loi du 1er juillet 1885, dénie toute compétence au tribunal mixte pour juger les questions de propriété et de droits réels qu'elle réserve à l'appréciation de la juridiction française lorsqu'il y a en cause un justiciable français. Bien plus, sous le prétexte de rechercher si tel opposant peut ou non porter son opposition devant le tribunal civil français, le tribunal mixte serait autorisé à examiner et à décider si cet opposant est ou n'est pas justiciable français ; on lui reconnaîtrait ainsi le droit de statuer sur la nationalité de ceux qui comparaissent devant lui et de juger ce point en dernier ressort, sans recours possible, alors que la loi a constamment entouré les questions d'état des plus sérieuses garanties et a toujours permis d'épuiser pour elles tous les degrés de juridiction.

L'administration ne se trouble pas pour si peu. Que lui importait après tout la décision de la Cour de Cassation ? Quelques semaines plus tard, le 14 juin 1902, elle faisait prendre par le Bey un décret aux termes duquel l'examen des conditions de recevabilité de l'exception prévue par l'article 36 de la loi sur la propriété foncière appartient exclusivement au tribunal mixte (1). Je lis dans le préambule du décret qu'il importe de prévenir les conflits de juridiction pouvant résulter d'une interprétation erronée de l'article 36. L'administration a imaginé un moyen bien simple de prévenir ces conflits. Cassant l'arrêt de la Cour de Cassation, elle a investi les juges du tribunal mixte de tous les pouvoirs en dessaisissant les juges de droit commun. Juge de l'exception de l'article 36, le tri-

---

(1) Zeys n° 1971.

bunal mixte pourra toujours retenir la cause. Grâce à ce décret du 14 juin 1902, le tribunal mixte dont les pouvoirs sont souverains, va pouvoir immatriculer au profit de l'Etat toutes les terres que celui-ci réclamera.

Le décret du 19 juin 1902, véritable loi de dessaisissement, devait être suivi d'un autre décret qui venait enlever aux justiciables européens ou indigènes leurs dernières garanties. D'après l'article 33 de la loi foncière du 1" juillet 1885, à côté des juges musulmans et du président, nommé sur la proposition du Résident, devaient siéger des magistrats français proposés par le tribunal français lui-même, le plus souvent membres de ce même tribunal. Mais le décret du 30 avril 1903 (1) est venu modifier cet état de choses. L'article 2 de ce décret indique un nouveau mode de recrutement des magistrats. Il s'exprime ainsi : « Les magistrats français du tribunal mixte sont nommés par nous (le bey) sur la proposition du résident général de France à Tunis. »

Ainsi, tous les juges du tribunal mixte sont nommés et remplacés selon le bon plaisir de l'administration du protectorat. Alors que tant de décisions qu'ils sont appelés à rendre, intéressent en fait l'Etat tunisien, ce même Etat tunisien peut les remplacer du jour au lendemain sans formalité aucune.

Ce décret du 30 avril 1903 n'est précédé au code Zeys d'aucun préambule, mais dans le rapport officiel sur la situation de la Tunisie en 1903, je lis l'explication suivante : « Le décret du 30 avril 1903 a pourvu le tribunal mixte d'un personnel de magistrats occupant un rang élevé dans la hiérarchie judiciaire et les a déliés de toute obligation étrangère aux fonctions spéciales que leur confère la loi foncière » (2). Il est juste d'admettre qu'en raison de l'importance de leurs fonctions les magistrats du tribunal mixte doivent s'y attacher d'une façon exclusive. Mais l'administration aurait dû nous donner les motifs de son nouveau mode de recrutement : c'est ce qu'elle s'est abstenu de faire.

En définitive, grâce à ces deux décrets, l'administration du protectorat qui détient déjà le pouvoir législatif et le

____

(1) Zeys n° 2219.
(2) Page 20.

pouvoir exécutif, détient aussi, tout au moins en ce qui concerne les questions de propriété, le pouvoir judiciaire.

Je note même ici qu'une pareille organisation judiciaire présente de graves inconvénients au point de vue diplomatique puisqu'elle prive les étrangers des garanties d'une bonne justice, garanties qui avaient amené les puissances étrangères à renoncer à leurs juridictions consulaires (1).

* * *

J'ai eu la curiosité de rechercher quel était l'avis sur cet extraordinaire régime, de M. Cochery et de M. Pedebidou qui, soit à la Chambre des députés, soit au Sénat, ont établi les rapports qui jouissent de l'autorité la plus considérable.

Dans son rapport pour le budget de 1909 (2) M. Cochery résume assez exactement un certain nombre de critiques portées contre le tribunal mixte :

En Tunisie, dit-il, où la propriété existait depuis longtemps, dans des conditions particulièrement obscures et compliquées, il apparut nécessaire de créer un organisme spécial, s'interposant entre le propriétaire qui requiert l'immatriculation de son immeuble et ce conservateur de la propriété foncière : le tribunal mixte.

Or, disent ces critiques, le tribunal mixte a substitué à la loi de 1885 son appréciation personnelle. Sorte de commission d'expertise et d'arbitrage instituée pour prononcer sur des questions de fait, il s'est mis à trancher des cas purement juridiques portant sur la filiation, la capacité, l'hérédité, la validité des contrats que la loi de 1885 (article 36) réservait au gré des parties à la juridiction des tribunaux ordinaires présentant toutes garanties d'appel et de recours. Un décret du 14 juin 1902 a même décidé que le tribunal mixte serait seul juge de l'exception soulevée dans ce cas par le plaideur. C'était consacrer sa souveraineté absolue et illimitée, dans des litiges sur la propriété d'immeubles pouvant valoir des millions de francs, sans aucun appel ni recours possible.

Et plus loin, M. Cochery ajoute (3) :

Les détracteurs du tribunal mixte vont plus loin. Ils voudraient sa suppression : le conservateur de la propriété foncière

---

(1) Girault, tome III, n° 514.
(2) Tome 2, page 137.
(3) Page 137.

délivrerait directement le titre de propriété quand il n'y aurait pas d'opposition et renverrait les parties devant les tribunaux ordinaires en cas contraire.

M. Cochery accepte bien quelques critiques secondaires concernant les formalités de procédure, mais il se refuse énergiquement à restituer aux tribunaux de droit commun les questions de propriété. Il soutient en premier lieu que les tribunaux ordinaires n'auraient pas la compétence nécessaire pour une matière aussi délicate. — Or c'est là une erreur absolue: les membres du tribunal mixte ne reçoivent pas une éducation juridique différente de celle des membres des tribunaux de droit commun et il suffit à cet égard de se reporter aux états de services des juges récemment nommés.

M. Cochery écarte en second lieu l'objection tirée de ce que les tribunaux ordinaires laissent au moins une garantie de recours et d'appel que ne laisse pas le tribunal mixte sous le prétexte qu'il faut éviter des procédures compliquées. — Est-il besoin de dire que la faculté d'appel est la garantie ordinaire accordée à tous les justiciables, dès qu'il s'agit d'une question de quelque importance? Notons d'ailleurs que le tribunal mixte juge souverainement et qu'il a même le droit de violer la loi puisque ses décisions ne sont pas susceptibles de pourvois en cassation.

M. Pédebidou, dans son rapport au Sénat pour le budget de 1907, a énoncé des critiques assez vives contre l'organisation du tribunal mixte (1).

Le tribunal mixte, dit-il, spécialement compétent en matière foncière, a non seulement la faculté d'admettre ou de rejeter la demande d'immatriculation, mais peut, en outre, statuer sur le fond de toutes les contestations qui peuvent se produire de la part des voisins ou autres ayants-droit. Il en résulte que la demande d'immatriculation est pleine de dangers pour le détenteur des terres qui en font l'objet.

De plus, malgré les longs délais (sept mois) impartis aux opposants pour faire valoir leurs droits, le tribunal, qui devrait cependant avoir pu éclaircir sa religion, a la faculté de rejeter purement et simplement l'immatriculation en renvoyant dos à dos le demandeur et les opposants. Cet arbitraire laissé aux juges est inexplicable, alors qu'il eût été plus simple de lui prescrire de prononcer obligatoirement l'immatriculation au

---

(1) Page 164.

profit de celui, demandeur ou opposant, qui prouverait son titre.

Il est même peu conforme à l'esprit général de la loi financière que l'immatriculation puisse être refusée en l'absence d'opposition, sous prétexte d'insuffisance de titre, surtout lorsqu'il s'agit de titres arabes, dont il est souvent presque impossible de déterminer les conditions de validité. N'eût-il pas été plus judicieux d'admettre le titre comme valable jusqu'à la preuve contraire ? De plus, chose sans exemple dans notre législation, les décisions du tribunal mixte sont sans appel. Cependant, en cas de rejet de l'immatriculation, le demandeur peut porter la cause devant le tribunal de Châra, compétent dans les litiges immobiliers où les indigènes sont parties et déférer ainsi indirectement une sentence d'un tribunal français à une juridiction indigène.

Il est urgen. de réformer la loi foncière, d'obliger le tribunal mixte à prononcer en tout état de cause l'immatriculation, d'en mettre les frais à la charge des bénéficiaires *et de soumettre ses sentences à l'appel des tribunaux civils.*

La conclusion de M. Pedebidou était formelle : il pensait qu'il appartenait aux tribunaux civils, c'est-à-dire aux tribunaux de droit commun, de statuer définitivement sur les questions de propriété.

Tout en approuvant d'une façon générale cette partie du rapport de M. Pedebidou concernant le tribunal mixte, je dois cependant noter que le recours dont il parle devant le tribunal du Chara est illusoire. Le Chara, est bien, en effet, théoriquement compétent en matière de propriété ou de droits réels, relatifs à des immeubles non immatriculés(1), mais il y a lieu tout d'abord de remarquer que, devant ce tribunal indigène purement religieux, les formalités sont telles que les Européens se refusent aujourd'hui à recourir à cette juridiction. J'emprunte à une dissertation parue dans la *Revue algérienne* les indications suivantes sur la nature des formalités à remplir devant cette juridiction (2).

Il faut bien se rendre compte, en effet, que le chara tunisien ne ressemble en rien aux juridictions prévues, comme on l'a vu, par les traités. Il est composé, cela est incontestable, de

---

(1) *Répertoire de droit français* V° Tunisie n° 940 ; Girault, tome 3, n° 520.

(2) *Revue algérienne* 1909, 2° partie p. 318. M. Pédebidou dans son second rapport pour le budget de 1909 parle lui-même des complications interminables du Chara (p. 81).

magistrats intègres et éclairés ; mais ces magistrats n'ont en réalité aucun pouvoir d'appréciation, ils sont liés par un système de preuves légal et établi par la loi religieuse. S'agit-il par exemple, ce qui est le cas le plus fréquent, d'administrer une preuve testimoniale, le rôle du magistrat se borne presque exclusivement à accorder des délais et des prorogations de délais. Touché par une requête il autorise tout d'abord le demandeur à faire comparaître des témoins qui, pour être dignes de foi, doivent être tous de fervents musulmans, et à faire rédiger un acte relatant ces témoignages. L'acte de témoignage rédigé, le magistrat accorde au défendeur un délai pour « fausser » comme on aurait dit dans notre ancien droit, les témoins, c'est-à-dire pour faire entendre d'autres témoins qui viendront affirmer que les premiers ne sont pas dignes de foi parce qu'ils manquent habituellement ou du moins ont manqué parfois à quelque précepte de la loi coranique. Les témoins du défendeur entendus sur ce point, le magistrat accordera au demandeur le droit de les « fausser » à son tour, en produisant de nouveaux témoins, lesquels viendront affirmer que les témoins du défendeur qui ont accusé les autres de n'être pas de parfaits musulmans ne sont pas eux-mêmes de scrupuleux observateurs des pratiques religieuses. Puis le magistrat accordera un nouveau délai au défendeur pour « fausser » les nouveaux témoins du demandeur et la procédure se déroulera sous forme de récusations successives jusqu'à ce que l'une des deux parties ait laissé écouler un délai et ses prorogations sans amener de nouveaux témoins. Le magistrat se prononcera alors nécessairement en faveur de l'adversaire.

On conçoit que le maniement d'une semblable procédure soit très malaisé pour les Européens et leur offre de très faibles garanties. Tous n'ont pas, en effet, la chance de pouvoir compter sur le témoignage d'un nombre suffisant d'irréprochables musulmans pour faire face aux nécessités des nombreux actes de témoignages successifs.

En outre, la décision du châra, même favorable au demandeur à l'immatriculation, ne s'imposait nullement au tribunal mixte qui juge souverainement et qui a d'ailleurs le droit de violer aussi bien la loi musulmane que la loi française.

M. Pedebidou devait, dans un second rapport au Sénat concernant le budget de 1909, abandonner les critiques qu'il avait, deux ans auparavant, adressées à la juridiction du tribunal mixte ; après un vif éloge des magistrats du tribunal mixte « à l'impartialité, à la compétence desquels, dit-il, c'est notre devoir de rendre ici hommage », il rappelle cependant les reproches dont cette juridiction a été l'objet de la part de la chambre d'agriculture et de plusieurs journaux importants de la régence.

On lui fait, dit-il ~~ nombreuses critiques, notamment celle de juger sans appel, avec beaucoup de promptitude ; et c'est la chambre d'agriculture, par l'organe d'un de ses principaux membres, qui s'est fait l'écho de ce reproche, il y a quelques années, à la conférence consultative.

Plus récemment, et simultanément, la chambre d'agriculture du Nord et la conférence consultative firent émettre des motions assez sévères contre le tribunal mixte, lui reprochant particulièrement sa lenteur, son formalisme, ses hésitations, sa peur des responsabilités. Les mêmes critiques furent reprises, par des organes importants tels que la *Dépêche Tunisienne*, la *Tunisie française*. Une partie de la presse métropolitaine s'en est emparée ; elles ont même été imprimées par des magistrats. Mais, disons-le tout de suite, cela ne paraît pas être l'opinion des pouvoirs publics qui ont, à maintes reprises, manifesté leur confiance au tribunal mixte ; et il est donc permis de se demander si, à l'origine de ces réclamations, il n'y avait pas quelquefois des intérêts particuliers (1).

L'opinion favorable des pouvoirs publics ne pourrait suffire pour nous faire admirer l'institution, les membres du tribunal mixte étant sous la dépendance directe et exclusive de l'administration ; de même je ne vois pas comment le fait que les réclamations seraient nées d'intérêts particuliers serait suffisant pour nous faire écarter ces réclamations. N'est-il pas évident au contraire que les institutions, quelles qu'elles soient, ne se modifient qu'à la suite des plaintes des intéressés eux-mêmes ?

Nous arrivons maintenant, dit plus loin M. Pedebidou, à un des principaux griefs formulés contre la juridiction qui nous occupe. On dit qu'elle émettrait la prétention que les carrières de phosphates doivent revenir à l'Etat et systématiquement elle refuserait l'immatriculation des terrains contenant des gisements de phosphates et cela au mépris des décrets et de la jurisprudence qui font des gisements de phosphates des carrières et en attribuent la propriété au propriétaire de la superficie.

M. Pedebidou répond que c'est là un déni de justice que jamais le tribunal mixte n'accepterait de commettre et qu'il est souvent difficile de reconnaître quel est le véritable propriétaire de la superficie. Il faudrait être en mesure d'examiner chaque espèce pour apprécier la valeur

---

(1) Page 71.

des critiques dirigées à cet égard contre le tribunal mixte; ce qui est certain c'est que le tribunal mixte s'est, en tout cas, laissé guider par cette idée que les indigènes n'étaient pas dignes de posséder des terres à phosphates.

Je ne puis mieux faire que de reproduire à cet égard les passages suivants d'un jugement du tribunal mixte du 19 décembre 1903 (1).

Quant à étendre leur propriété sur les richesses minérales que recélaient les montagnes, il est bien certain que les habitants de celles-ci n'y ont jamais songé, par la bonne raison qu'ils les ignoraient, et que, les eussent-ils connues, ils n'auraient pas eu la possibilité d'en tirer parti ; par conséquent leurs titres de propriété n'ont jamais pu s'appliquer à cela, dont ils n'avaient pas la moindre idée et dont ils ne se souciaient pas. En leur faisant dire aujourd'hui le contraire, le tribunal mixte auquel incombe la tâche de les appliquer et de les interpréter, leur donnerait à tort une portée qu'ils n'ont jamais pu avoir et substituerait des conceptions imaginaires et fantaisistes au véritable état des choses. En faisant cela, non seulement il manquerait à son devoir, mais encore il créerait un obstacle à la colonisation de la Tunisie en reconnaissant sur son sol à la population indigène, des droits qui ne lui ont jamais appartenu et auxquels elle n'a jamais songé spontanément à prétendre.

Dans son second rapport, M. Pedebidou abandonne l'idée qu'il avait émise de rendre les jugements du tribunal mixte susceptibles d'appel devant les tribunaux civils sous le prétexte notamment que le tribunal mixte est un organe de la justice tunisienne. Comment, en droit public, dit M. Pedebidou, déférer les décisions d'une juridiction tunisienne à la censure de la juridiction française ? Nous savons qu'en réalité les juges du tribunal mixte sont en majorité des juges français, nommés et remplacés sur la proposition du résident ; ici, encore, la fiction du protectorat va couvrir l'arbitraire.

* * *

Je ne saurais terminer cette partie de mon mémoire sans indiquer qu'aux termes de l'article 38 de la loi foncière, toute personne dont les droits ont été lésés par suite d'une immatriculation n'a jamais de recours sur

---

(1) *Journal des Tribunaux de Tunisie*, 1904, page 19.

l'immeuble, mais a seulement, en cas de dol, une action personnelle en dommages-intérêts contre l'auteur du dol. D'après la jurisprudence (1) le dol consiste principalement dans la fraude commise par celui qui, n'étant pas propriétaire d'un immeuble, le fait, en connaissance de cause et à l'insu du propriétaire véritable, immatriculer à son profit. Il va sans dire que de pareils procès, surtout s'ils sont dirigés contre l'Etat tunisien se heurtent à des difficultés presqu'insurmontables, et en tout cas, l'article 38 le dit formellement, même en cas de succès, le demandeur n'en a pas moins perdu la propriété de son immeuble, et cela, par l'effet d'une décision d'un tribunal d'exception jugeant souverainement.

---

(1) Voir la note C sous cet article 38 au code Zeys me II, page 908.

IV

LES CONCESSIONS

AUX PARLEMENTAIRES

Quels ont été les bénéficiaires des terres sialines et des terres de Chérahil ?

Les contrats de ventes passés au nom de l'Etat ne sont pas rendus publics; dès lors je ne puis donner la liste des acquéreurs de lots de terres sialines depuis 1896, c'est-à-dire depuis l'époque où, comme je l'ai expliqué plus haut, le respect des droits des indigènes aurait dû interdire de nouvelles aliénations, ni celle des douze lots attribués ou réservés par l'administration sur le domaine de Chérahil et que vise le rapport officiel sur la situation de la Tunisie en 1903.

Mais il ressort avec évidence de la lecture des journaux de Tunisie, notamment de la *Semaine*, de la *Tunisie Française*, du *Courrier de Tunisie*, de la *Dépêche Tunisienne*, de la *Tunisie Illustrée* que ces terres ont été attribuées en très grande partie à des hommes politiques influents (ministres ou anciens ministres, députés ou sénateurs, anciens fonctionnaires ou diplomates, directeurs ou rédacteurs des grands journaux de la métropole ou de la Tunisie) et nous sommes en droit de nous demander si ce n'est pas grâce à ce système que, pour le public français, l'administration du protectorat apparaît, surtout depuis quelques années, comme une administration parfaite.

Parmi les noms les plus généralement cités et qui figurent même au Bottin dans la liste des principaux propriétaires d'oliviers de la région de Sfax, c'est-à-dire des terres sialines, on rencontre ceux de MM. Boucher, Cochery, Mougeot, anciens ministres.

Un rapporteur du budget de Tunisie, M. Victor Leydet, dans son rapport au Sénat pour le budget de 1902, a eu d'ailleurs l'occasion de faire allusion aux acquisitions faites par les hommes politiques.

De vastes terrains, a-t-il écrit dans son rapport, ont été cédés, à bas prix il est vrai, mais avec condition de les complanter en vignes ou en oliviers. Les oliviers ne commencent guère à produire qu'à leur dixième année. Des Français, des hommes politiques, des anciens ministres — pour être ministre on n'en est pas moins agriculteur — ont acquis des terres (1).

Les avantages recueillis par les concessionnaires des terres sialines et des terres de Cherahil ont été considérables.

Le prix de vente des terres sialines a été fixé à 10 fr. l'hectare ; étant donné le produit normal de ces terres, il me sera facile d'établir qu'il s'agit là en réalité d'un prix dérisoire (2).

Constatons tout d'abord que le Bey lui-même quand il avait commencé à vendre ces terres, les avait vendues à un prix beaucoup plus élevé, entre 24 et 25 francs (3).

D'autre part, le concessionnaire, s'il a des frais à supporter, n'a nullement à se préoccuper de mettre lui-même les terres en valeur. Dans cette région, le concessionnaire a recours à un contrat avec les indigènes, appelé contrat de m'rharça ou m'gharsa et qui lui évite toute peine.

A cet égard, le passage de la publication officielle sur la Tunisie, parue en 1896 et que j'ai citée concernant le mode de culture de l'olivier, la science des indigènes et la nature du contrat passé entre le concessionnaire et les indigènes, est à reproduire tout entier :

C'est à Sfax, dit cet ouvrage (4), que la culture de l'olivier a été portée au plus haut degré de perfection dans la Régence. Les labours sont répétés au moins cinq fois par an, la taille est faite à la scie et habilement calculée pour faire circuler l'air et la lumière entre les branches ; la cueillette se pratique soigneusement à la main ; les plantations nouvelles sont alignées avec une régularité parfaite ; les arbres sont espacés de 24 mètres les uns des autres ; après des tâtonnements successifs, les Sfaxiens ont constaté que cette distance, si excessive qu'elle paraisse au premier abord, est cependant celle qui assure les meilleurs rendements. Elle ne permet de placer que 17 arbres à l'hectare. Mais ces 17 arbres produisent autant à Sfax que 50 dans le Sahel et que 100 à 120 dans le Nord. Tout le mérite de cette culture savante revient aux indigènes qui, sans exemple du dehors, par le seul effet de leurs observations, sont par-

---

(1) Page 9 de son rapport.
(2) Décret du 10 mai 1893, zeys n° 34.
(3) Girault, tome 3, § n° 525 ; *La Tunisie*, par Narcisse Faucon, tome 2, p. 35.
(4) Tome 1ᵉʳ, p. 193.

venus à un degré de perfection tel que nos colons n'ont rien à leur apprendre et que le mieux qu'ils puissent faire est de les imiter purement et simplement. Quand on se fait conduire dans certaines parties de la forêt, d'où l'on découvre un vaste horizon, la beauté de ces alignements qui se continuent dans toutes les directions à perte de vue, l'état de propreté du sol où l'on ne voit pas un brin d'herbe, la vigueur uniforme et la santé des arbres, l'air de prospérité qui se dégage d'un entretien aussi parfait et de la richesse de la végétation composent un des plus beaux spectacles agricoles qui se puissent voir au monde. Nous ne connaissons personne qui n'en soit revenu plein d'admiration.

Tous ces oliviers ont été plantés en association entre les propriétaires et les ouvriers sfaxiens, liés par un contrat qu'on appelle contrat de m'harsa et qui est analogue au contrat de complant pratiqué en France. Le propriétaire achète la terre et avance à l'ouvrier les sommes nécessaires pour qu'il puisse acheter des outils et des animaux. L'ouvrier fait la plantation et l'entretient jusqu'au jour où elle commence à donner un produit suffisant pour couvrir ses dépenses. C'est ordinairement vers la huitième année. Alors on partage l'olivette en deux, le propriétaire en prend une moitié et l'ouvrier l'autre, après avoir remboursé les avances qu'il a reçues. S'il ne peut les rembourser en argent, il s'acquitte en abandonnant une part de sa moitié.

Plus récemment, M. Cochery, dans son rapport sur l'Algérie et la Tunisie pour le budget de 1909, rappelait (1) que la perfection des méthodes de culture et d'exploitation venait des indigènes.

Il serait injuste de méconnaître les avantages qu'en certains cas les indigènes ont pu retirer de cette association, mais il y a lieu de préciser aussi quels sont les avantages qu'elle procure au concessionnaire. Vainement M. Cochery insiste-t-il sur les très importants capitaux que nécessitent de pareilles exploitations ; les bénéfices sont si considérables que les concessionnaires, quels qu'ils soient, n'auront aucune peine à trouver des bailleurs des fonds. « Il serait difficile, dit M. Faucon (2), de trouver un placement de fonds plus avantageux ».

Voici quelques chiffres significatifs :

M. Cochery, dans son Rapport (3), indique ces chiffres

---

(1) Tome 2, page 99.
(2) Tome 2, page 36.
(3) Tome 2, pages 104 et 105.

donnés par l'Administration, par M. Paul Bourde, ou par M. Minangoin, inspecteur de l'Agriculture.

M. Minangoin, d'après un calcul reproduit dans le Rapport de M. Cochery, considère que pour une olivette de 1.000 hectares, les dépenses totales y compris l'achat à 10 francs l'hectare seraient d'environ 65.000 francs. Sur cette olivette le propriétaire reçoit normalement pour sa part au bout de 10 ans 9.000 oliviers. M. Bourde estime à 50 francs la valeur d'un olivier en plein rapport au bout d'environ 20 ans. Cette évaluation paraît à M. Cochery un peu trop forte et il la ramène à 30 francs. Ces chiffres laisseraient supposer que le propriétaire pourrait revendre son olivette de 270 000 à 450.000 et encore nous admettons que le m'gharsi a eu la moitié de l'olivette ; l'hypothèse où le m'gharsi abandonne une part de sa moitié parce qu'il ne peut rembourses les avances qui lui ont été faites n'est pas rare et elle comporte de nouveaux et considérables avantages pour le concessionnaire.

Si en 1893 l'adoption du chiffre de dix francs comme prix de vente n'était pas justifié puisque le Bey lui-même autrefois avait fixé un chiffre très supérieur, comment admettre qu'en présence des résultats obtenus, on ait conservé ce chiffre de dix francs pour le domaine de Chérahil aliéné seulement à partir de 1905 ? (1).

« Les terres de Chérahil, dit ce Rapport, rentrant dans la catégorie des terres à olivier de la région de Sfax, l'Administration avait intérêt à appliquer une réglementation qui a fait ses preuves.... En ce qui concerne le prix et le mode de paiement des terres, les conditions sont restées celles du décret de 1902 : prix dix francs l'hectare... »

*
* *

On a soutenu que les hommes politiques bénéficiaires des terres sialines et des terres de Chérahil n'ont fait qu'user de leurs droits en devenant propriétaires dans ces régions et qu'ils n'ont joui d'aucun privilège. M. Cochery a écrit dans son rapport pour le budget de 1909 que

---

(1) Rapport sur la situation de la Tunisie en 1905, page 83.

« la vente a eu lieu sans aucune faveur, au premier offrant, dans des conditions de correction absolue (1) ».

Je crois que M. Cochery se trompe.

Tout d'abord, je l'ai déjà établi, en 1896 l'Administration avait l'intention, pour sauvegarder les droits des indigènes, de ne plus faire de concessions importantes de
terres autour de Sfax ; elle a changé brusquement d'avis
après le voyage à Sfax, en 1897, de MM. Boucher, Darlan
et Cochery, alors ministres. Or, MM. Boucher et Cochery
sont propriétaires dans cette même région. La coïncidence
n'est-elle pas troublante ?

En second lieu, le décret du 16 décembre 1903 (2) régle-
mentant les achats et les ventes par le Domaine des terrains de colonisation, édicte certaines dispositions laissant supposer qu'un esprit d'équité ne cesse de présider
aux attributions des terrains du domaine. Mais ces dispositions, décide l'article final du décret, ne s'appliquent
pas aux terres à planter des régions soumises aux dispositions du décret du 8 février 1892, c'est-à-dire du décret relatif aux terres sialines lequel ne présente pas les
mêmes garanties.

Le décret du 12 juillet 1910 (3) a apporté quelques mo-
difications au décret du 16 décembre 1903 en ce qui concerne l'attribution des terrains de colonisation, mais il
dispose encore formellement dans son article 13 qu'il
n'est pas applicable aux terres à planter des régions soumises aux dispositions des décrets des 8 février 1892 et
30 avril 1905, c'est-à-dire des décrets concernant les terres
sialines et le domaine de Chérahil.

Enfin, il est bien certain qu'en ce qui concerne le domaine de Chérahil la vente n'a pas eu lieu « au premier
offrant ».

Le rapport officiel sur la Situation de la Tunisie en 1905
(rédigé en 1906), dispose expressément que ce territoire
« a été divisé en douze lots attribués ou *réservés* par l'administration (4) ». Ainsi l'administration s'était arrogé le
droit de réserver des lots, c'est-à-dire d'en refuser l'attribution aux demandeurs pour des motifs qu'elle ne nous

---

(1) Tome II, page 99.
(2) Zeys, n° 2343.
(3) *Journal des Tribunaux de la Tunisie*, 1910, page 507.
(4) Page 86.

fait d'ailleurs pas connaître. N'a-t-on pas le droit de se demander si, en 1906, elle n'a pas fait à quelques personnalités déterminées des promesses qu'elle n'a réalisées qu'en 1907 ou en 1908 ?

***

Au point de vue pénal, la question devrait se poser au cas où il serait établi qu'un rapporteur du budget de la Tunisie, soit au Sénat, soit à la Chambre des députés, aurait bénéficié d'une concession pendant qu'il était rapporteur ou pour établir un rapport favorable à l'administration.

J'ai à examiner successivement l'application éventuelle à notre cas des dispositions de l'article 175 du code pénal, d'une part, et des articles 177 et 179 du même code, d'autre part.

L'article 175 du code pénal est ainsi conçu :

Tout fonctionnaire, tout officier public, tout agent du gouvernement, qui soit ouvertement, soit par actes simulés, soit par interposition de personnes, aura pris ou reçu quelque intérêt que ce soit, dans les actes, adjudications, entreprises ou régies dont il a ou avait, au temps de l'acte, en tout ou en partie, l'administration ou la surveillance, sera puni d'un emprisonnement de six mois au moins et de deux ans au plus et sera condamné à une amende, etc ..

M. Garraud, dans son traité de droit pénal, fait remarquer que notre code, en édictant ces dispositions, n'a fait que consacrer une longue tradition. Déjà le droit romain lui-même défendait aux gouverneurs de province de se livrer, dans l'étendue de la circonscription où s'exerçait leur autorité, à une acquisition quelconque (1).

Le fonctionnaire, dit M. Garçon dans son code pénal annoté (2), surveillerait mal une entreprise à laquelle il est lui-même intéressé ; il pourrait même être tenté d'abuser de ses fonctions pour la favoriser au détriment de l'intérêt public.

Enfin, on lit dans les travaux préparatoires du code pénal:

Tout fonctionnaire qui se sera souillé d'une telle turpitude sera donc justement puni d'emprisonnement et déclaré indigne d'exercer des fonctions dans lesquelles il se serait avili (3).

---

(1) Garraud, tome IV, 2ᵉ édition, nᵒ 1169.
(2) Article 175 nᵒ 2.
(3) Rapport présenté le 6 février 1810 par les comtes Berlier, Corsini et Pelet, conseillers d'État.

Quels sont les caractères constitutifs du délit ?

Il faut, en premier lieu, chez le coupable, la qualité de fonctionnaire au sens de l'article 175.

Il faut sans doute (1) que le coupable soit investi d'un titre officiel, mais il n'est pas nécessaire que sa fonction rentre dans la hiérarchie de l'organisation administrative ou judiciaire. L'article 175 s'applique à tous ceux qui exercent une fonction publique ou qui sont investis d'un simple mandat public, leur donnant le droit d'administrer ou de surveiller, de liquider ou d'ordonnancer l'affaire où ils ont pris ou reçu quelque intérêt.

A ma connaissance, ce texte n'a encore été appliqué à aucun membre du parlement, mais il a déjà été appliqué à un conseiller municipal chargé de diriger et de surveiller les mesures à prendre pour l'alimentation d'une ville (2).

Quant aux autres éléments du délit, je les indique encore d'après M. Garçon de la façon suivante :

Le second élément du délit est que le coupable ait pris ou reçu un intérêt dans un acte, une adjudication, une entreprise ou une régie. Ces termes sont fort vagues et le législateur les a employés à dessein. Il n'y a pas à rechercher l'importance de l'intérêt pris ou reçu par l'agent du gouvernement ; le texte dit « quelque intérêt que ce soit », si faible soit-il, l'immixtion est donc punissable. De même l'énumération « adjudication, entreprise ou régie » n'est qu'indicative de la nature des actes prohibés ; cette prohibition doit être étendue à tous les actes présentant le même caractère et pour lesquels l'immixtion de l'agent du gouvernement présenterait les dangers que la loi a voulu prévoir.

Il faut enfin que l'agent ait eu, au temps de l'acte, l'administration ou la surveillance de l'affaire à laquelle il est intéressé, ou même qu'il fût chargé, par ses fonctions, de liquider ou d'ordonnancer le paiement. C'est là le véritable caractère distinctif du délit et comme nous l'avons dit, sa seule raison d'être. Cette disposition est faite pour empêcher ceux qui gèrent et surveillent les affaires de l'Etat, d'un département, d'un commerce ou même d'un établissement public, de jouer à la fois les deux rôles incompatibles de surveillants et de surveillés (3).

Notons encore avec M. Garçon (4) qu'au point de vue de la bonne foi, il faut, mais il suffit que le fonctionnaire ait

---

(1) Garçon, n° 5.
(2) Cassation, 29 novembre 1873. Dalloz 1874, 1.327.
(3) N° 8 et 9.
(4) N° 14.

sciemment pris un intérêt dans une affaire que sa fonction lui faisait un devoir de surveiller ; qu'il ne pourrait même échapper à la peine, en soutenant qu'il n'a pas connu la prohibition légale, puisque l'ignorance de la loi ne fait pas disparaître l'intention.

Ce texte nous paraît directement applicable au cas qui nous occupe. Tout d'abord pour les motifs que j'ai indiqués plus haut : un député ou un sénateur est un fonctionnaire au sens de l'article 175 du code pénal.

En second lieu, le rapporteur du budget, exerçant à ce titre un contrôle sur l'administration du protectorat, ne saurait prendre un intérêt dans les ventes de terres effectuées par l'administration puisqu'il doit précisément surveiller l'administration qui effectue ces ventes et la façon dont elle concède les lots.

Enfin, la troisième condition serait remplie si le parlementaire avait eu sa concession au moment où il était rapporteur ou à une époque voisine.

D'autre part le premier paragraphe de l'article 177 du code pénal est ainsi conçu :

Tout fonctionnaire public de l'ordre administratif ou judiciaire, tout agent ou préposé d'une administration publique qui aura agréé des offres ou promesses ou reçu des dons ou présents pour faire un acte de sa fonction ou de son emploi même juste, mais non sujet à salaire, sera puni de la dégradation civique et condamné à une amende.

C'est le crime de corruption passive. L'article 179 auquel je renvoie, punit le crime de corruption active. Les deux textes sont corrélatifs et je me bornerais à examiner brièvement si les conditions d'application de l'article 177 se rencontrent en l'espèce.

En premier lieu, il est certain qu'un député ou un sénateur doivent être considérés comme des fonctionnaires publics au sens de l'article 177 du code pénal (1).

Le second élément du crime, c'est l'offre ou la promesse agréée, le don ou le présent reçu. Le texte est général et ne vise pas seulement des cadeaux en argent. L'offre d'une concession avantageuse tombe évidemment sous le coup de l'article 177 du code pénal et je me suis, je crois, suffisamment expliqué sur les avantages dont

---

(1) Voir l'arrêt de la cour de cassation du 24 février 1893 rendu dans l'affaire de Panama. Sirey 1893, I. 217.

jouissent les concessionnaires des terres salines ou du domaine de Cherahil.

Enfin, en troisième lieu, il est nécessaire que ces dons ou promesses aient été reçus ou acquis par le parlementaire pour faire ou ne pas faire un acte qui rentrerait dans l'ordre de ses devoirs (1). Cette condition serait remplie si, par exemple, sur une des questions essentielles qu'il avait à traiter, le rapporteur du budget avait été amené à émettre un avis favorable à la thèse de l'administration en raison précisément de la concession qu'il aurait reçue.

Les parlementaires ne sont nullement protégés par les dispositions de l'article 13 de la loi constitutionnelle du 16 juillet 1875 qui décide qu'aucun membre de l'une ou de l'autre chambre ne peut être poursuivi ou recherché à l'occasion des opinions ou votes émis par lui dans l'exercice de ses fonctions. La Cour de Cassation, dans son même arrêt du 24 février 1893, a fait justice d'une pareille objection en faisant remarquer que cet article n'a d'autre objet que de sauvegarder la liberté de la tribune et du vote. On ne saurait, en effet, sérieusement prétendre que les parlementaires seront moins libres parce qu'ils n'auront pas le droit d'être achetés.

J'ignore s'il sera possible de faire la preuve qu'un député ou un sénateur a bénéficié d'une concession au moment où il était rapporteur du budget ; la difficulté sera d'autant plus grande que, l'immatriculation étant facultative, des parlementaires peuvent être propriétaires sans que leurs titres soient publics et, d'autre part, ils ont pu passer des contrats sous le nom de tiers, personnes interposées. Mais même si cette preuve n'était pas rapportée, il n'en resterait pas moins certain qu'il est d'usage en Tunisie d'accorder par faveur, par privilège, d'importantes concessions de terres à des hommes politiques influents. Au point de vue moral, la question demeurerait entière.

Il serait injuste de ne pas reconnaître que cette situation a inquiété un rapporteur du Budget, M. Leydet, qui dans le même rapport que je citais tout à l'heure, après avoir rappelé l'attribution des terres à des hommes politiques, se livre aux réflexions suivantes :

---

(1) Garçon, code pénal annoté, article 177, n° 17.

C'est d'un bon exemple, sans doute, malheureusement il est à craindre que les terrains encore disponibles ne soient pas les meilleurs et en tout cas une des conditions essentielles d'une bonne exploitation agricole, c'est la présence du propriétaire, c'est-à-dire sa résidence dans le pays, ainsi qu'une direction ou une surveillance personnelle.

Sous une forme atténuée et empreinte d'ironie, la critique du système apparaît : les hommes politiques ont pris les meilleures terres, et quand ils ont passé, il ne reste plus grand chose à glaner pour les colons ordinaires ; en outre, quand la France entend coloniser un pays ce n'est pas pour permettre à des « absentéistes » de recueillir sans aucune peine et sans aucun souci le prix de ses sacrifices.

* * *

Mais la Ligue des Droits de l'Homme, j'en ai la profonde conviction, apercevra les dangers d'un pareil système, infiniment plus graves que ceux que M. Victor Leydet a signalés. Par de miraculeuses coïncidences, parmi les concessionnaires de terres sialines ou de terres de Chérabil, figurent précisément les hommes qui, au point de vue du protectorat, sont les maîtres de l'opinion grâce à l'influence qu'ils exercent par la Presse ou par le Parlement. J'ai cité tout à l'heure le nom de M. Cochery qui a été le rapporteur de l'Algérie et de la Tunisie pour le budget de 1909. Il a acquis ses terres avant d'être désigné comme rapporteur et, j'ai le devoir de l'affirmer de la façon la plus nette, la discussion de plusieurs textes du code pénal à laquelle je me suis livré ne saurait le concerner, mais son rapport est très élogieux pour l'administration du protectorat et celle-ci bien entendu depuis deux ans invoque constamment et avec complaisance son autorité dans les ouvrages et brochures qu'elle fait paraître en s'abstenant cependant d'indiquer les avantages même qu'elle a procurés à ce député. Je n'entends pas mettre en doute la bonne foi de M. Cochery ; mais je ne crois pas qu'il ait la liberté d'esprit nécessaire pour juger les institutions du protectorat. Un exemple me suffira : M. Cochery a pris dans son rapport la défense des tribunaux mixtes. Or c'est grâce à la décision d'un tribunal mixte, je l'ai déjà indiqué, que l'Etat tunisien a pu augmenter considérablement le territoire qu'il a soumis au décret de

1892 relatif aux terres salines. Comment M. Cochery, propriétaire de terres salines, jugerait-il de sang-froid l'œuvre d'une juridiction qui lui a été si bienfaisante ?

Maîtresse de l'opinion, l'administration du protectorat a pu, au cours de ces derniers mois, multiplier les abus de pouvoir et les coups de force ; elle jouit d'une impunité absolue.

Les attributions de la conférence consultative sont modestes ; cependant, même quand elle est obligée de le faire, l'administration s'abstient de la consulter ; elle ne l'a pas consultée pour accorder à la fameuse compagnie de Gafsa la prolongation de sa concession de phosphates ou pour créer de nouveaux impôts. En violation même de la loi tunisienne, un arrêté du Résident vient de proroger les pouvoirs des membres sortants ! Qui, en France, se soucie de pareils abus ? Un publiciste de Tunis l'écrivait récemment : « Sénateurs et députés ne connaissent pour la plupart les questions tunisiennes que par le rapport du ministre des affaires étrangères au Président de la République, expression de l'optimisme officiel, ou par les rapports des commissions du budget sur le protectorat, trop souvent inspirés par la Résidence générale » (1).

Par quels procédés ces rapports ont-ils été trop souvent « inspirés » ? Voilà la véritable question qui domine l'histoire de la Tunisie de ces dernières années. Pour la résoudre, la Ligue des Droits de l'Homme doit compter sur l'appui des hommes indépendants de Tunisie qui, appartenant aux fractions politiques les plus opposées, se sont trouvés d'accord depuis plusieurs semaines pour flétrir les procédés arbitraires dont les européens comme les indigènes sont les victimes. Notre association accomplira son devoir sans craindre de compromettre telle ou telle personnalité politique, elle l'accomplira aussi sans vouloir se contenter de la triste vanité de la découverte d'un scandale retentissant, avec l'ardente volonté au contraire d'instituer en Tunisie un régime de liberté et de justice. Le despotisme que la Russie et la Turquie ont rejeté n'est plus de mise en Tunisie. Jules Ferry s'est trompé quand il a écrit qu'en Tunisie le régime

---

(1) Article de M. de Carnières, dans *Le Colon Français* numéro du 5 mars 1911.

représentatif, la séparation des pouvoirs, la déclaration des Droits de l'Homme et les constitutions sont des formules vides de sens.

Les réformes, a-t-il écrit (1), s'y font par en haut, par la grâce du maître obéi, du pouvoir national et traditionnel et ce qui descend de ces hauteurs ne se discute pas. Il y a là une réalisation pratique et positive de ce rêve du bon despote qui hante l'esprit aimable de M. Renan.

Un tel rêve n'est pas réalisable et le régime du despotisme n'a pu se maintenir jusqu'ici en Tunisie que par l'emploi permanent d'un système de prébendes accordées à des hommes politiques, système que nous continuerons à dénoncer avec une inlassable énergie.

Je vous prie d'agréer, monsieur le président, l'expression de mes sentiments les plus dévoués.

Goudchaux **BRUNSCHVICG**,

avocat à la cour de Paris.

Le Comité Central de la Ligue des Droits de l'Homme, après avoir délibéré à plusieurs reprises sur le rapport de M. Goudchaux Brunschvicg, a adopté à l'unanimité dans sa séance du 3 avril 1911, la résolution suivante :

Le Comité Central de la Ligue des Droits de l'Homme ;

Vu le rapport d'un de ses conseils, Me Goudchaux Brunschvicg, avocat à la Cour de Paris, sur l'arbitraire en Tunisie ;

Vu les pièces et documents visés dans ce rapport ;

---

(1) Préface à l'ouvrage de M. Narcisse Faucon sur la Tunisie, lettres e et f.

Vu les protestations qui se sont élevées récemment en Tunisie contre une série d'actes arbitraires commis par l'administration du Protectorat et relatives notamment à la limitation de la liberté de la presse, à la prolongation de la concession accordée à la Compagnie des phosphates de Gafsa sans l'avis de la conférence consultative, à la prorogation du mandat de certains membres de cette conférence ;

Constate que, sous le couvert de la théorie des terres collectives, l'Etat ne cesse d'augmenter abusivement son domaine privé en Tunisie ;

Constate que le système de colonisation pratiqué pour les terres dites sialines et pour le domaine de Chérahil aboutit trop souvent à la spoliation des indigènes ;

Constate que les questions concernant les droits de propriété des européens et des indigènes ne sont pas tranchées par les tribunaux français de droit commun, statuant sous le contrôle de la Cour d'Appel d'Alger et de la Cour de Cassation, mais par un tribunal mixte, tribunal d'exception, jugeant souverainement et dont même les membres français sont désignés par le Résident, du fait de la substitution en toute matière de l'administration française au pouvoir discrétionnaire du Bey ;

Constate que d'importantes concessions de terres ont été attribuées à des hommes politiques influents, notamment à d'anciens ministres ;

Affirme que ce système de favoritisme et d'arbitraire empêche le contrôle réel et efficace de la presse et du Parlement et livre un grand pays aux caprices de quelques fonctionnaires ;

Dénonce de nouveau ces faits à l'opinion, au Parlement et aux pouvoirs publics et décide d'instituer une enquête permanente sur toutes les mesures arbitraires dont sont victimes les colons et les indigènes en Tunisie.

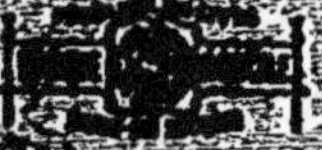
Imprimerie R. LAROCHE,
14, rue Vivienne, Paris. — Téléphone 251.09

L'Idée de Patrie, conférence, par Francis de Pressensé, 1 brochure.................................... « 50

L'Armée et la Démocratie, par J. Charmont, professeur de droit à l'Université de Montpellier, 1 broch.. » 50

Pourquoi nous sommes Patriotes et ne sommes pas Nationalistes, par F. Buisson, député, professeur à la Sorbonne, 1 brochure.................. » 50

Le Procès du Bon Pasteur. Plaidoirie de Mᵉ Eugène Pravost, 1 volume de 235 pages................... 1 »

La Séparation des Eglises et de l'Etat, conférence, par Francis de Pressensé, député du Rhône, 1 broch. » 50

L'Assistance publique et l'Assistance privée, conférence, par E. Pravost, avocat à la Cour d'Appel. 1 br. » 50

Le Péril Noir, par Anatole France, 1 brochure de 70 p. » 50

La Liberté individuelle et le Code d'instruction criminelle, rapport présenté au Congrès de 1905 de la Ligue des Droits de l'Homme, par M. E. Tarbouriech, professeur au collège libre des sciences sociales, 1 br. » 50

Le Droit des Fonctionnaires. p. Maxime Leroy, 1 vol. 3 »

Les Traitements des Fonctionnaires. Tableaux chronologiques, précédés d'une étude de G. Demartial ... 3 »

Un Héros (Le lieutenant-colonel Picquart), par Francis de Pressensé, 1 volume.... ... . 3 50

Le père d'Emile Zola, par Jacques Dhur, avec préface de Jean Jaurès, 1 volume.. .... 3 50

Le Monument Henry. Liste des souscripteurs de la Libre Parole (listes rouges), classées par Pierre Quillard. 1 volume............ .... 3 50

Le procès de la Ligue des Droits de l'Homme (Réquisitoire de M. Boulloche. Plaidoirie de M. Trarieux), 1 brochure. .... » 50

La Révision du Procès Dreyfus. L'enquête devant la Chambre criminelle. La loi de dessaisissement. L'arrêt de la Cour de Cassation. L'affaire Dreyfus devant le Conseil de guerre de Rennes, par Civis, 1 brochure » 50

Emile Zola au Panthéon. Discours prononcé au Grand Théâtre de Lyon, le 6 juin 1908, par M. Victor Basch, chargé de cours à la Sorbonne................. » 50

L'Affaire Abbès-ben-Hammana. Rapport de M. Albert Chenevier, conseil juridique de la Ligue des Droits de l'Homme, sur l'enquête qu'il a faite à Tebessa...... » 50

La question indigène en Algérie. L'internement des indigènes, son illégalité, par M. Gilbert Massonié, docteur en droit, ancien bâtonnier de l'ordre des avocats, à Constantine........................... « 50

« Il n'y a pas d'affaire Dreyfus » par Fernand Mommeja. Préface de Mathias Morhardt............ 3 »

Une erreur judiciaire à Genève. L'affaire Balleydier et Truffot. Rapport du Dᵣ P.-M. Morhardt. 1 brochure « 25

Les Procès de l'Amicale de la Préfecture de Police. Compte-rendu sténographique des débats. Plaidoirie de Mᵉ Alcide Delmont. .... » 30